全国技工院校新能源汽车检测与维修专业教材

（中／高级技能层级）

新能源汽车空调检测与维修

人力资源社会保障部教材办公室　组织编写

主　编　徐继勇

副主编　林伟奕

林锦桐

中国劳动社会保障出版社

简介

本书主要内容包括新能源汽车空调系统认知、新能源汽车空调系统使用与维护、新能源汽车空调系统检测与修复、新能源汽车空调系统故障诊断与检修四个模块，每个模块下包含若干个课题，每个课题以实际工作任务导入。

本书内容丰富、通俗易懂、实用性强，适用于职业院校新能源汽车检测与维修专业的教学使用，也可作为新能源汽车技术人员培训教材及参考用书。

本书由徐继勇担任主编，林伟奕、林锦桐担任副主编，付毅、韩正纬、刘宣、赵星华、黄辉镀、秦连霖、张宗锋参与编写，陈贵龙担任主审。

图书在版编目（CIP）数据

新能源汽车空调检测与维修 / 人力资源社会保障部教材办公室组织编写；徐继勇主编. -- 北京：中国劳动社会保障出版社，2020

全国技工院校新能源汽车检测与维修专业教材. 中 / 高级技能层级

ISBN 978-7-5167-4515-1

Ⅰ. ①新… Ⅱ. ①人…②徐… Ⅲ. ①新能源－汽车空调－车辆检修－技工学校－教材 Ⅳ. ①U469.703

中国版本图书馆 CIP 数据核字（2020）第 131960 号

中国劳动社会保障出版社出版发行

（北京市惠新东街 1 号　邮政编码：100029）

*

北京市白帆印务有限公司印刷装订　新华书店经销

787 毫米 ×1092 毫米　16 开本　9.5 印张　168 千字

2020 年 11 月第 1 版　2022 年 12 月第 3 次印刷

定价：30.00 元

营销中心电话：400-606-6496

出版社网址：http://www.class.com.cn

http://jg.class.com.cn

前言
PREFACE

2012 年 6 月，国务院颁布《节能与新能源汽车产业发展规划（2012—2020 年）》，其中对新能源汽车进行了定义：新能源汽车是指采用新型动力系统，完全或主要依靠新型能源驱动的汽车，本规划所指新能源汽车主要包括纯电动汽车、插电式混合动力汽车及燃料电池汽车。

随着国家不断推动新能源汽车的发展，目前我国新能源汽车保有量已经突破百万，成为新能源汽车产销量第一的国家。

相对于传统汽车而言，新能源汽车大量使用高压电，这对维护和维修工作提出了更高的要求。为了满足全国技工院校新能源汽车检测与维修专业的教学需求，人力资源社会保障部教材办公室组织有关学校的骨干教师和行业、企业专家，在充分调研企业生产和学校教学情况的基础上，开发了本套新能源汽车检测与维修专业教材。

教材体系

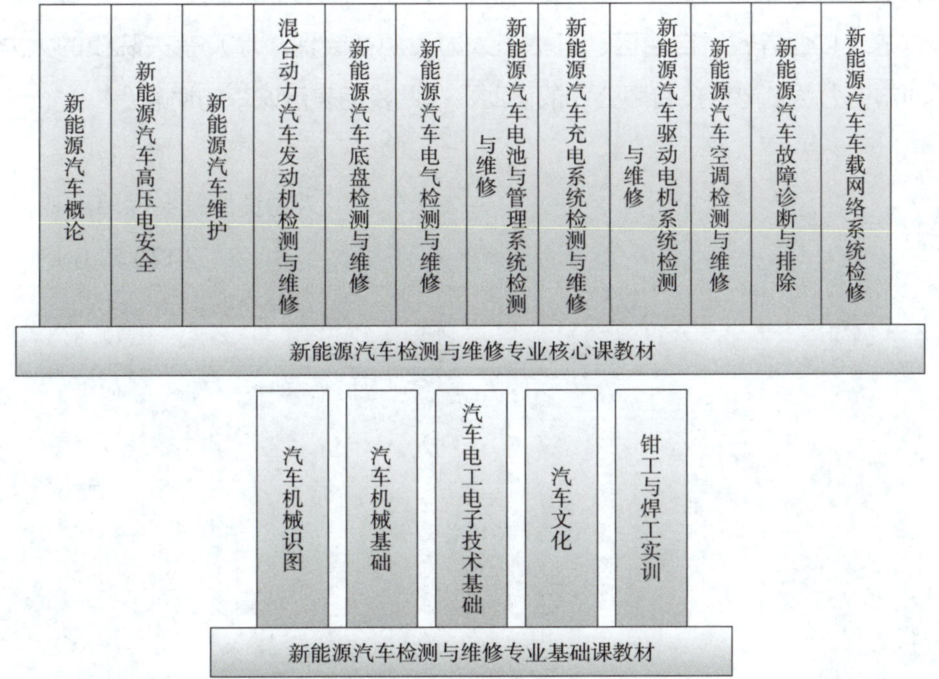

编写特色

◆ 紧贴企业实际情况　通过行业、企业调研，掌握企业对新能源汽车检测与维修专业人才的岗位需求和技能要求，确定人才培养目标（中级 / 高级），构建科学合理的课程体系。根据课程教学目标，合理确定学生应具备的知识与能力结构；充分考虑企业生产实际，选择当前市面上广泛使用的新能源车型进行教学。

◆ 体现行业技术发展　根据相关专业领域的最新发展，在教材中充实新知识、新技术、新设备、新材料等方面的内容，体现教材的先进性。采用最新的国家技术标准，使教材内容更加科学和规范。

◆ 符合学生阅读习惯　在教材内容的呈现形式上，较多地利用实物照片和表格等形式将知识点生动地展示出来，力求让学生更直观地理解和掌握所学内容。部分教材采用四色印刷，图文并茂，增强了教材内容的表现效果。

教学服务

本套教材配有习题册和方便教师上课使用的多媒体电子课件等教学资源，可以通过技工教育网（http：//jg.class.com.cn）下载。另外，在部分教材中针对教材中的教学重点和难点制作了微视频等多媒体资源，学生使用移动终端扫描二维码即可在线观看相应内容。

致谢

本次教材编写工作得到了北京、黑龙江、辽宁、江苏、浙江、湖南、山东、山西、福建、广东、广西等省、自治区、直辖市人力资源社会保障厅及有关院校的大力支持，以及深圳市信力达机电科技有限公司的协助，在此我们表示诚挚的谢意。

人力资源社会保障部教材办公室

2020 年 6 月

目录
CONTENTS

模块一
新能源汽车空调系统认知

课题一 | 新能源汽车空调概述

学习目标

1. 了解新能源汽车空调的定义和作用。
2. 熟悉新能源汽车空调系统的类型。
3. 掌握新能源汽车空调系统的五大组成部分。

●任务描述

小李在某汽车4S店做销售工作，一位客户想购买某款新能源汽车，对新能源汽车空调的功能比较关注，请小李介绍该款新能源汽车空调系统的基本情况。如果你是小李，你知道新能源汽车空调的相关知识吗？

●任务分析

本任务要求汽车相关工作人员能够向客户介绍新能源汽车空调的定义、作用、类型；能识别新能源汽车空调系统的主要部件，并向客户做简单介绍。

相关理论

一、新能源汽车空调的定义

新能源汽车空调是以非传统燃料为驱动能量，实现对车厢内空气制冷、加热、换气和净化的装置，简称汽车空调。

二、新能源汽车空调的作用

新能源汽车空调的作用与传统汽车空调的作用一致，可以为车内人员提供舒适的乘车环境，减轻驾驶员的疲劳感，增加乘坐舒适性。主要有以下四点：

1. 调节车内的温度

温度调节是汽车空调的主要功能。汽车空调在夏季由空调制冷产生冷气，对车厢内部进行降温；在冬季利用热泵空调供暖或 PTC 加热器加热等方式升高车厢内的温度。

2. 调节车内的湿度

湿度对车厢内乘员的热舒适程度有很大影响。车厢内空气湿度的调节是通过制冷系统去除空气中的水分，达到除湿的效果。目前在汽车上还没有安装加湿器，只能通过打开车窗或采取通风设施，靠车辆外部的新鲜空气来调节空气湿度。

3. 调节车内的空气流速

空气的流速对人体舒适性有直接影响。夏季气流速度较快，有利于人体散热降温，但过大的风速直接吹到人身上，会使人感到不舒服。冬季风速大会影响人体的体温，因而冬季采暖时气流速度应尽量小一些。根据人体的生理特点，头部对冷比较敏感，脚部对热比较敏感，因此，在布置空调出风口时，应采用“上冷下暖”的方式，即让冷风吹到乘员头部，让暖风吹到乘员脚部。

4. 过滤和净化车内的空气

车内空间小、乘员密度大，因而极易出现缺氧和二氧化碳浓度过高的情况。道路上的灰尘、花粉等也容易进入车厢，造成车内空气污浊，影响乘员的身体健康，所以要求汽车空调具有补充车外新鲜空气、过滤和净化空气的功能。一般汽车空调上都设有进风门、排风门、空气过滤装置和空气净化装置。

汽车空调的舒适性参数见表 1-1-1。

表 1-1-1 汽车空调的舒适性参数

序号	舒适性参数	数值
1	车内平均温度	夏季：25～28 ℃ 冬季：15～18 ℃
2	车内外温差	夏季：5～7 ℃ 冬季：10～12 ℃
3	车内空气相对湿度	30%～70%
4	车内气流速度	夏季：≤0.5 m/s 冬季：≤0.20 m/s
5	车内降温率	夏季：1.5 ℃/min
6	车内温差	垂直方向温差：≤2 ℃ 水平方向温差：≤1.5 ℃
7	车内换气量	每位乘员所需新鲜空气量：20～30 m^3/h CO_2 体积浓度：≤0.1%
8	车内噪声	≤50 dB
9	出风口的位置及风速差	出风口位置：应尽量避免直吹人体感觉不舒服的位置 各出风口风速差值：≤2 m/s

三、新能源汽车空调系统的类型

不同于传统燃油汽车，新能源汽车使用的能源多样化。根据新能源汽车使用能源的不同，新能源汽车空调系统分为以下几种类型：

1. 纯电动汽车空调系统

纯电动汽车没有发动机作为空调压缩机的动力源，也不能利用发动机余热作为汽车空调冬天制热用的热源，因此其空调系统的冷源、热源和其他能源都来自动力蓄电池。空调系统的制冷功能可以用电动压缩机作为动力源来实现，但为了使电动压缩机更好地工作，还要研发压缩机的转速控制技术，以提高能源利用效率。如何供暖是纯电动汽车空调系统面临的最大问题。电动汽车无法通过燃料燃烧产生热能，电动机散发的热量小，难以回收利用，因此，只能通过动力蓄电池进行加热。目前通过动力蓄电池加热的方法有两种，一种是利用动力蓄电池直接加热空气，这种方法结构简单、热效率高，但具有一定的安全隐患；另一种方法是利用动力蓄电池加热冷却液，再通过冷却液加热空气，这样做可以沿用传统燃油汽车上的暖风散热器，但系统比较复杂，热效率较低。

2. 混合动力电动汽车空调系统

混合动力电动汽车就是在纯电动汽车上加装一套内燃机，其能源配备结构与传统汽车相比变化不大，由发动机和电动机共同或各自单独驱动汽车行驶，其空调系统与传统汽车空调系统基本没有太大变化，但当驱动压缩机工作的动力来源不同时，要改变相应的配置，以保证空调功能正常。当发动机、电动机都参与动力驱动时，汽车上要配置动力蓄电池，这样就有可能用电力驱动压缩机制冷；当发动机停止运行时，也可用电动压缩机制冷。但受动力蓄电池电压和容量的限制，电动压缩机的功率不可能很大，因此，在发动机运行时，还需要使用发动机带动压缩机，所以理想状态下，使用机械、电力双模式压缩机制冷。当汽车处于纯电动行驶模式时，为了支撑大功率电动机的运行，就要配备高电压大容量电池，使用高电压电动压缩机进行制冷，解决纯电动行驶模式下的制冷问题。供暖时通常需要更高的功率，所以采用独立的加热器加热冷却液的方案，当发动机停止运行时，启动加热器加热冷却液，冷却液可以通过暖风散热器加热车内空气。

3. 燃料电池电动汽车空调系统

燃料电池电动汽车是以燃料化学能转化成的电能形成动力的。由于燃料电池的化学能转换效率低，余热排放量大，所以燃料电池电动汽车能耗大。燃料电池电动汽车空调的制冷系统也占用一大部分能耗，因此，可以用余热吸收式制冷系统。但由于余热吸收式制冷空调系统的热力系数偏低，运行过程中会出现传热性能变差、制冷量下降等问题，所以还需要做进一步的技术性研究。燃料电池电动汽车的暖风系统可以利用燃料电池的余热加热冷却液，再使冷却液进入暖风器，将经过暖风器加热的空气吹入车内。

四、新能源汽车空调系统的组成

新能源汽车空调系统主要由通风系统、制冷系统、暖风系统、空气净化系统和控制系统组成。

1. 通风系统

汽车空调要向乘员头部、脚部、左右方向送出冷风、热风或新风并向风窗送风除霜除雾，所以有一套比较复杂的风门控制系统。而空气输送机构的构造与分布因车而异。新能源汽车送风系统由鼓风机、风道、风门和出风口等组成。图 1-1-1 所示为新能源汽车通风系统的组成。

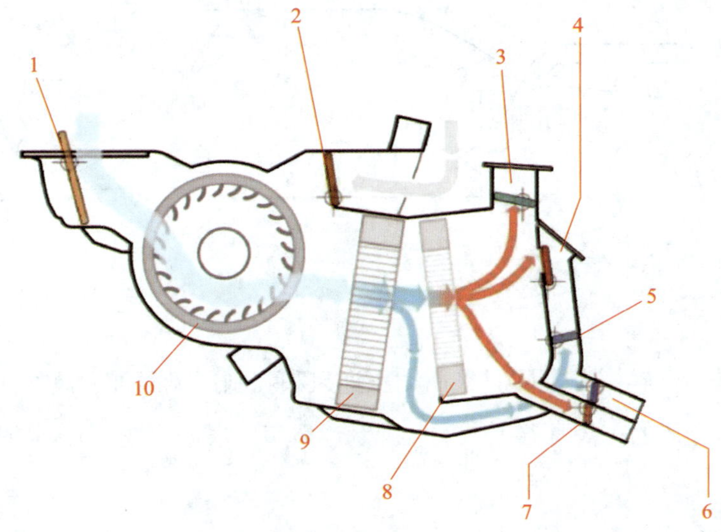

图 1-1-1 新能源汽车通风系统的组成

1—“新鲜”空气风门 2—空气循环风门 3—除霜风门 4—前部暖风门 5—前部冷风门
6—左侧和右侧后部中控台冷风门 7—左侧和右侧后部中控台暖风门 8—热交换器 9—蒸发器 10—鼓风机

汽车空调的通风方式一般有动压通风、强制通风和综合通风三种。

（1）动压通风

如图 1-1-2 所示，动压通风是汽车行驶时，根据车外所产生的风压不同，在适当的地方开设进风口和出风口来实现通风换氧。当车辆移动时，车辆外面的一些地方产生正压，一些地方产生负压，空气入口位于正压处，排风口位于负压处，通过压力差让空气流动。

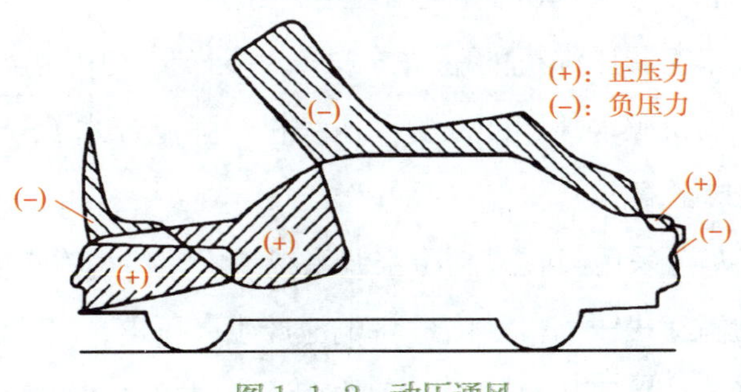

图 1-1-2 动压通风

（2）强制通风

如图 1-1-3 所示，强制通风是采用鼓风机强制空气进入和流动的方式，在汽车行驶时，强制通风方式常与动压通风方式一起工作。

在强制通风系统中，使用鼓风机强制空气流过汽车。进气口和排气口一般与动压通风的风口在相同的位置。

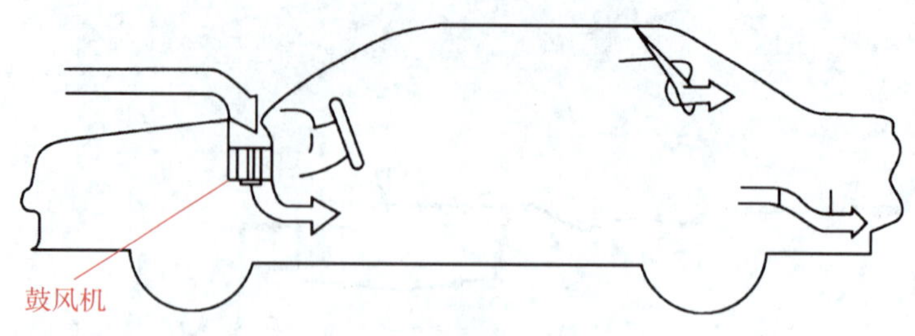

图 1-1-3　强制通风

（3）综合通风

综合通风是指一辆汽车上同时采用动压通风和强制通风两种通风方式。最简单的综合通风是在动压通风的车身基础上，安装强制通风扇，根据需要可分别使用或同时使用。

2. 制冷系统

制冷系统的作用是对车内空气或由外部进入车内的新鲜空气进行冷却，从而降低车内温度。新能源汽车空调制冷系统与传统汽车空调制冷系统的组成基本相同，主要差别在于压缩机的结构及驱动方式。

传统汽车空调制冷系统中的压缩机是由发动机传动带带动进行工作的，无法对压缩机的转速进行有效调节。

纯电动汽车空调制冷系统中的变频器在压缩机控制器的控制下，可将动力蓄电池提供的高压直流电逆变为电压和频率可调的三相交流电，驱动压缩机工作。压缩机可采用全封闭式电动压缩机，如涡旋式压缩机。压缩机控制器可以根据车内与车外的温差变化，控制电动压缩机的转速，进而使车内环境温度达到舒适性的要求。

混合动力电动汽车空调压缩机的驱动方式较为多样化，中混合式（Mild-HEV）可采用传动带传动和电动机驱动兼顾的双驱动压缩机，强混合式（Strong-HEV）可采用电动压缩机，如涡旋式压缩机。

燃料电池电动汽车可采用吸收式制冷空调系统或沿用传统汽车空调制冷系统。后者压缩机仍可采用电动涡旋式压缩机，由燃料电池产生高压电，经 DC-DC 转换为稳定的近 400 V 的高压直流电，用高压直流电驱动的直流无刷式电动机作为压缩机动力源，并直接与涡旋式压缩机做成一体。

如图 1-1-4 所示，新能源汽车空调制冷系统主要由电动压缩机、冷凝器、储液干燥器、膨胀阀、蒸发器及连接管路组成。在封闭的制冷系统内充注着制冷剂，制冷剂在压缩机的作用下循环流动，在冷凝器处由气态冷凝为液态，放出热量；在蒸发器处由液态蒸发为气态，吸收热量，从而降低车内的温度。上述过程周而复始地进行，便可达到降低蒸发器周围空气温度的目的。

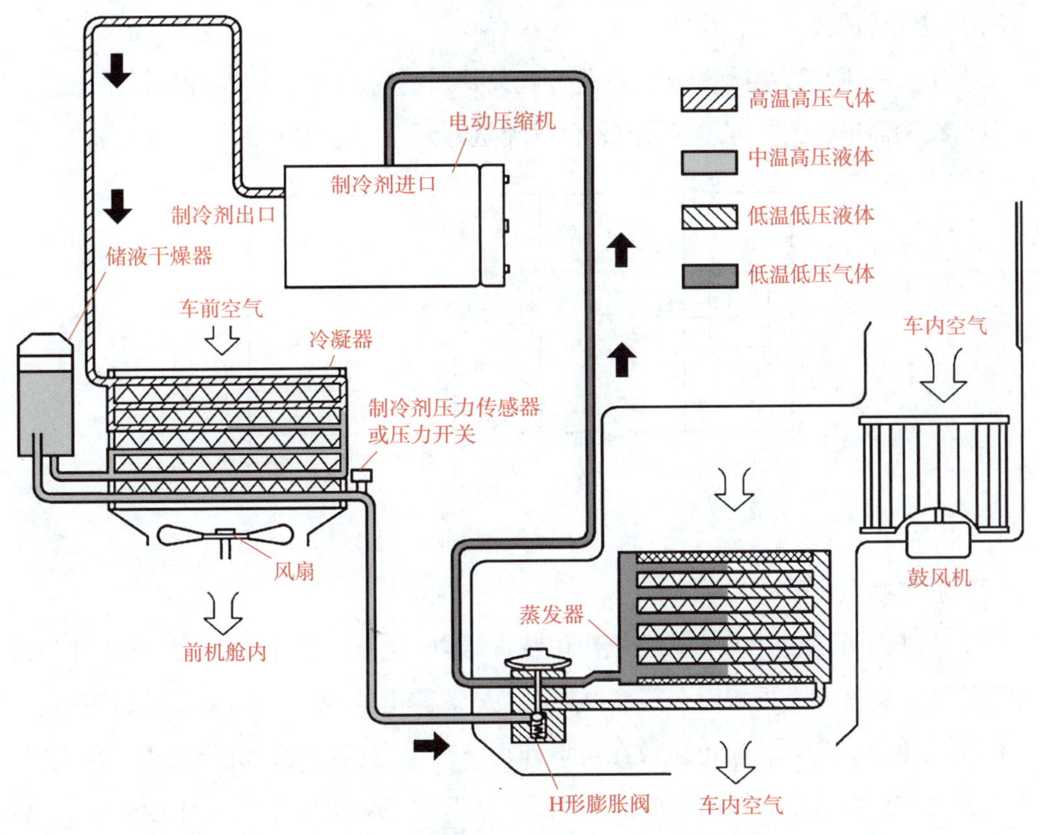

图 1-1-4 新能源汽车空调制冷系统的组成

3. 暖风系统

新能源汽车与传统汽车在驱动方式、系统构成上存在较大差别，不同类型的新能源汽车又有不同的结构特点，因此，新能源汽车的暖风系统与传统汽车暖风系统也存在较大区别。对于纯电动汽车、燃料电池电动汽车而言，没有发动机作为空调压缩机的动力源，也无法利用发动机余热以达到取暖及除霜的效果；对于混合动力电动汽车来说，发动机因其控制策略，不能随时作为制冷压缩机的动力或暖风的热源。

新能源汽车主要采用 PTC 加热器、热泵空调、电加热装置三种方式实现供暖。PTC 加热器和电加热装置的工作过程是先加热冷却液，然后由鼓风机吹过暖风散热器使升温后的冷却液放热，从而提高车内温度。热泵空调的制热原理与家用冷暖空调制热原理相似，制热过程中制冷剂的流动方向与制冷时相反。

4. 空气净化系统

空气净化系统一般由鼓风机、空气过滤器、杀菌器、负氧离子发生器和进、出风口等组成。空气净化方式有空气过滤式和静电集尘式两种。

（1）空气过滤式

如图 1-1-5 所示为空气过滤式净化方式，其在空调系统的进风口和回风口设置过滤器，具有结构简单、工作可靠等优点，但气流阻力大，功能单一。

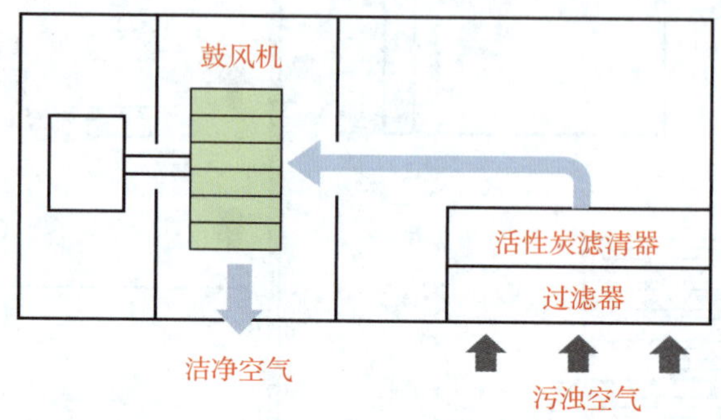

图 1-1-5　空气过滤式净化方式

（2）静电集尘式

图 1-1-6 所示为静电集尘式空气净化装置结构示意图。静电集尘式空气净化方式是在空气过滤器的基础上再增设一套静电集尘装置。静电集尘是利用高压电极产生高压电场，使空气电离、带电，带电尘粒在电场作用下产生定向运动，沉降在正、负电极上，实现对空气的过滤集尘。灭菌灯放出紫外线，对吸附在集尘板上的尘埃进行照射，将其中的细菌杀死，除尘后的空气被强制通过活性炭滤清器，将其中的烟尘和臭味滤除，保持车内空气清洁。

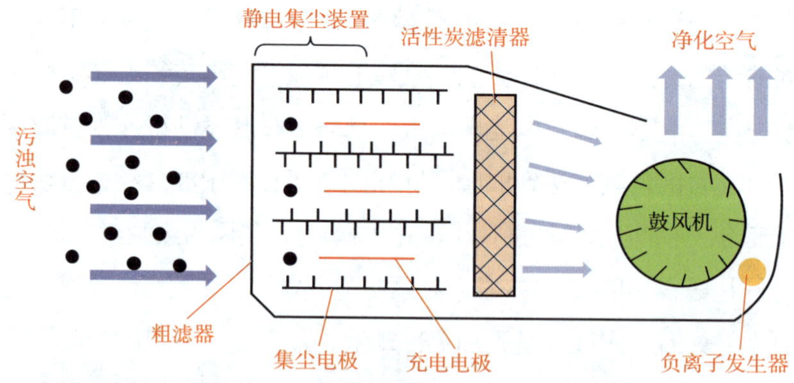

图 1-1-6　静电集尘式空气净化装置结构示意图

静电集尘式空气净化装置的工作步骤如下：

1）由粗滤器除去空气中较粗的尘粒。

2）由静电集尘装置吸附细微尘埃。

3）通过活性炭滤清器除去烟气和臭气。

4）通过催化反应器将活性炭不能吸附的有毒气体转化成无毒气体。

5）由负离子发生器供给负离子。

6）由鼓风机将净化后的空气送入车内。

5. 控制系统

（1）控制系统的组成

新能源汽车空调控制系统主要由以下四部分组成：

1）传感器。包括环境温度传感器、空调温度传感器等，专门负责信息的采集和反馈。

2）控制器。包括整车控制器（Vehicle Control Unit，简称 VCU）、空调控制器、空调压缩机控制器、PTC（Positive Temperature Coefficient）控制器，它们通过 CANH、CANL 线路交流，负责接收信息、计算处理和发出动作指令。

3）执行装置。包括空调系统的各种电动机（内外循环电动机、模式转换电动机等）、鼓风机、电动压缩机及各种阀、泵、开关、继电器等。它们按控制器的指令执行动作。

4）自诊断系统。具有存储记忆功能，VCU 通过各类传感器输入的电信号不间断地监测系统的状态和各个元件的工作情况，将系统和元件的故障信息以数字、字母或图形形式存储下来，当维修人员需要时，以一定的操作指令将其提取并显示在屏幕上。另外，当系统电路中出现故障时，VCU 根据故障信息发出指令控制各执行器，使空调系统进入相应的故障安全状态，防止故障进一步扩大。

（2）控制系统的工作原理

图 1-1-7 所示为新能源汽车空调控制系统原理。

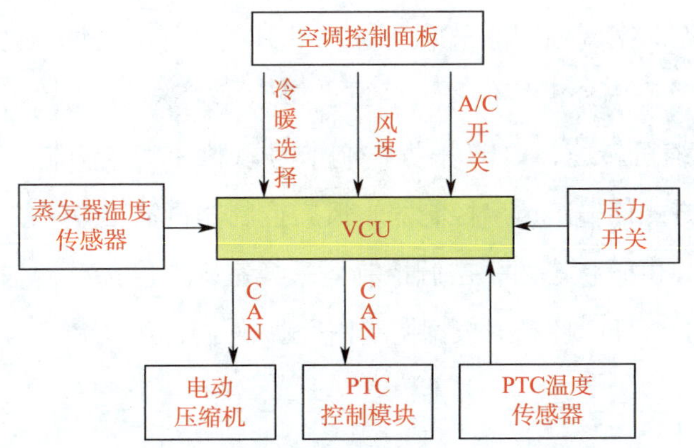

图 1-1-7 新能源汽车空调控制系统原理

传感器作为信息采集部件，将制冷情况、车内外温度和其他有关信息输入到 VCU 中，VCU 采集到空调 A/C 开关信号、空调压力开关信号、蒸发器温度信号、风速信号以及环境温度等信号，经过运算处理形成控制信号，通过 CAN 总线传输给空调控制器，由空调控制器控制空调压缩机高压电路的通断，同时向执行装置发出控制信号，对车内空气的温度、湿度及流通状况按照预定要求进行调节，调节的结果被反馈到 VCU 中进行比较、分析、处理，然后再传递给执行装置。经过反复调节，直到达到预设定的要求为止。

图 1-1-8 所示为新能源汽车空调核心部件实物图。

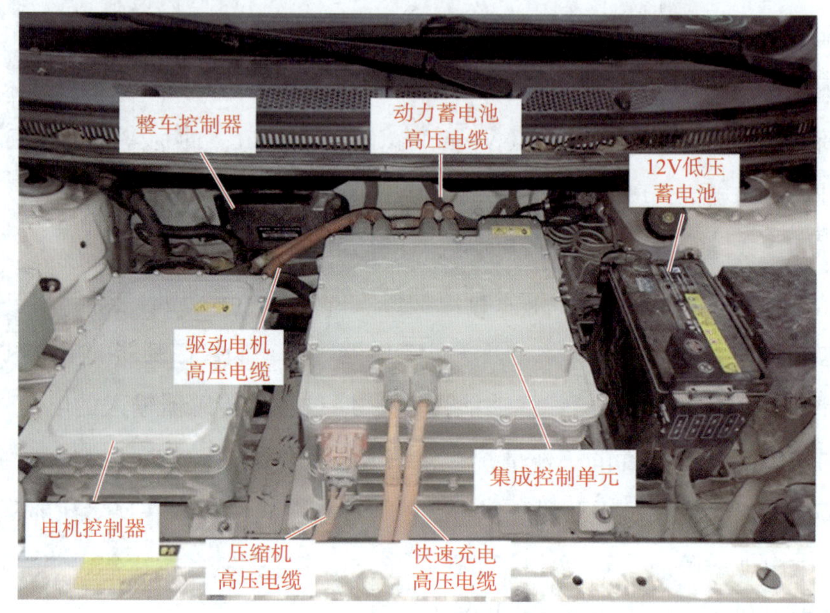

图 1-1-8　新能源汽车空调核心部件实物图

当点火钥匙位于“ON”挡后，VCU 接收动力蓄电池信息，当动力蓄电池 SOC（State of Charge，表示荷电状态，用来反映电池的剩余容量）大于 10% 时，VCU 发送高压信号。制冷状态时空调控制器采集空调 A/C 开关信号、空调压力开关信号、蒸发器温度信号、车速以及室内外温度信号，通过逻辑运算发送 CAN 控制信号。压缩机根据控制信号来调节压缩机转速，VCU 根据控制信号以脉冲宽度调制 PWM（Pulse Width Modulation）信号方式传输给风扇控制器，风扇控制器再输出 0～12 V 之间的变化电压来调整风扇的转速。供暖状态时，空调控制器采集室内温度传感器信号，通过逻辑运算发送 CAN 控制信号，PTC 控制器根据控制信号调整发热功率。

思考与练习

1. 新能源汽车空调的作用是什么？
2. 新能源汽车空调系统的类型有哪些？
3. 新能源汽车空调系统的五大组成部分是什么？

课题小结

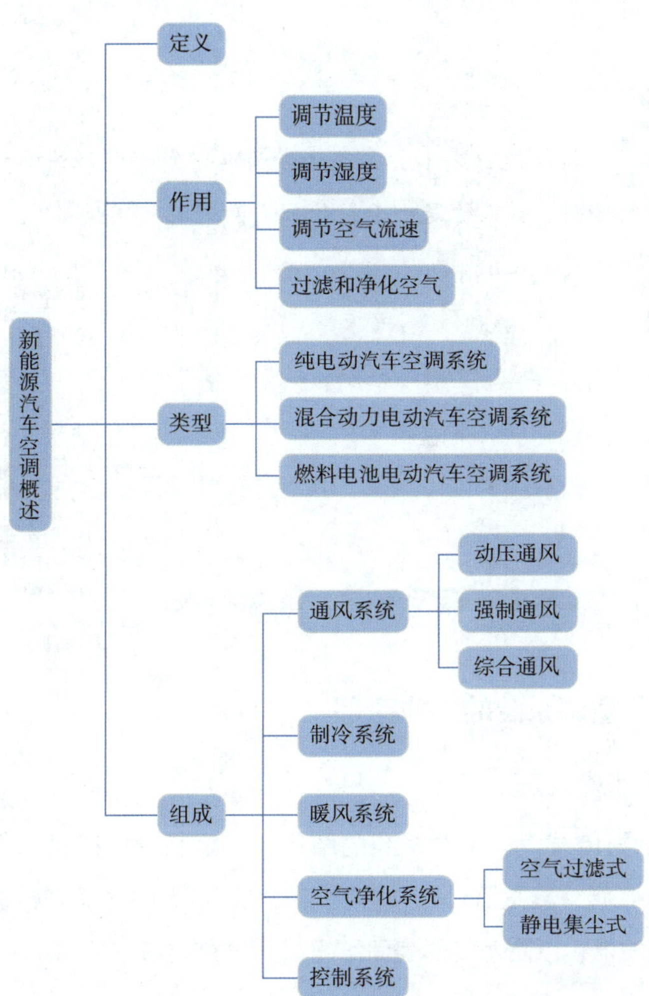

课题二 | 新能源汽车空调系统的工作原理

学习目标

1. 了解传统汽车空调制冷系统及暖风系统的工作原理。

2. 掌握电动汽车空调制冷系统及暖风系统的工作原理，并能比较其与传统汽车空调系统的差别。

3. 了解混合动力电动汽车空调系统、电动客车一体式电动空调系统及燃料电池电动汽车空调系统的工作原理。

任务描述

某客户想购买一款新能源汽车，希望小李为其讲解新能源汽车的空调系统与传统汽车空调系统的区别。如果你是小李，你知道两者的异同吗?

任务分析

为客户做详细介绍需要汽车相关工作人员具备新能源汽车空调的工作原理知识，了解传统汽车空调系统，掌握纯电动汽车、混合动力电动汽车、燃料电池电动汽车等新能源汽车空调系统的工作原理，并能总结其异同点。

相关理论

一、传统汽车空调系统的工作原理

1. 制冷系统的工作原理

图 1-2-1 所示为传统汽车空调系统的结构，包括空调压缩机、冷凝器、储液干燥器、散热风扇、膨胀阀、蒸发器、鼓风机及相关空调管路。风扇使冷凝器散热降温，鼓风机使气流吹过蒸发器，以防蒸发器表面结霜，并给车内带来冷风。

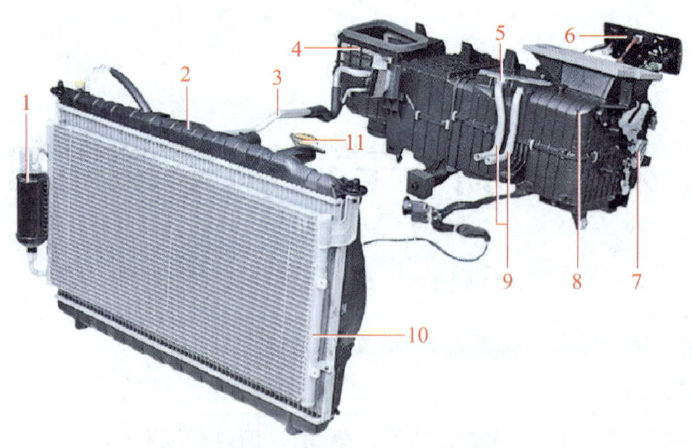

图 1-2-1 传统汽车空调系统的结构

1—储液干燥器 2—发动机散热器（水箱） 3—制冷剂管路 4—蒸发器总成 5—暖风水箱 6—空调控制面板 7—风门伺服机构 8—空调器总成 9—连接暖风水箱的冷却液管路（水管） 10—冷凝器 11—发动机散热器盖

图 1-2-2 所示为空调制冷系统的工作原理，空调制冷包括四个基本过程。

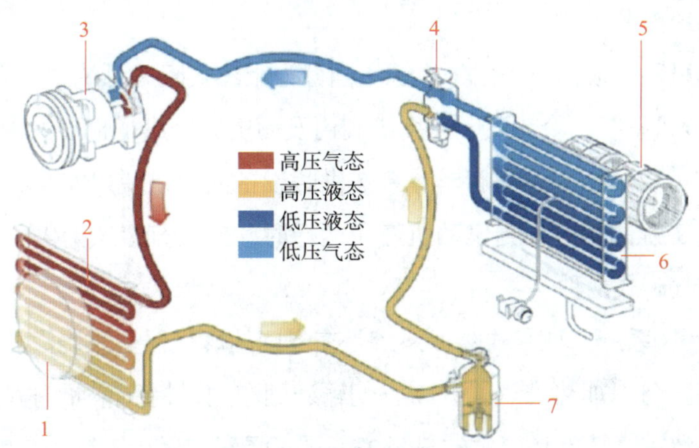

图 1-2-2 空调制冷系统的工作原理

1—风扇 2—冷凝器 3—压缩机 4—膨胀阀 5—鼓风机 6—蒸发器 7—储液干燥器

（1）压缩过程

压缩机吸入蒸发器出口处的低温低压（约 0 ℃，0.15 MPa）制冷剂气体，将其压缩成高温高压（约 70～80 ℃，1.5 MPa）气体排出压缩机。

（2）冷凝过程

高温高压的过热制冷剂气体进入冷凝器，与车外空气进行热交换。由于压力及温度的降低，制冷剂气体冷凝成液体，并放出大量的热量。冷凝过程的后期，制冷剂成为高压中温（约 1.5 MPa，40～50 ℃）的过冷液体，然后进入起干燥及过滤作用的储液干燥器。

（3）膨胀过程

膨胀阀具有节流作用，高压的制冷剂液体通过膨胀阀后体积变大，其压力和温度急剧下降，使高压中温的制冷剂液体变成低压低温（约 0.15 MPa，-5 ℃）的雾状（细小液滴）液体排出膨胀阀。

（4）蒸发过程

经过节流后的低压低温雾状制冷剂液体进入蒸发器，因此时制冷剂沸点远低于蒸发器内温度，制冷剂液体蒸发成气体。制冷剂在蒸发过程中大量吸收车内的热量，而后低温低压的制冷剂气体又进入压缩机。

上述过程周而复始地进行下去，便可以达到降低蒸发器周围空气温度，实现车内制冷的目的。

2. 暖风系统的工作原理

（1）暖风系统的分类

汽车空调暖风系统根据所采用的热源不同分为余热式暖风系统和独立式暖风系统。

1）余热式暖风系统。余热式暖风系统利用发动机的余热来直接供暖，其多用于需要热量较少的轿车、货车和中小型客车。余热供暖设备简单，使用安全，运行经济，其缺点是受汽车运行工况的影响，当发动机停止运行时，就没有暖风提供。余热式暖风系统又分为水暖式和气暖式两种。

2）独立式暖风系统。独立式暖风系统是在专门的燃烧器里燃烧汽油、煤油、柴油等燃料，产生的热量可以加热空气，并将它们输送到车内，提高车厢内温度。其一般适用于大型的豪华旅游车，特点是产生的热量多，且不受汽车运行工况的影响，但设备复杂，使用和维护成本较高。

（2）暖风系统的结构及工作原理

图 1-2-3 所示为水暖式暖风系统的工作原理。在轿车上大多采用水暖式暖风系统，利用发动机冷却液的温度来取暖。

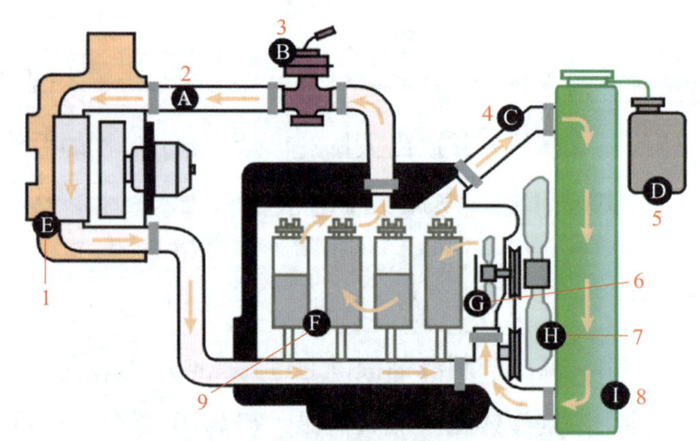

图 1-2-3　水暖式暖风系统的工作原理

1—加热器芯　2—加热器软管　3—热水阀　4—散热器软管　5—膨胀水箱
6—水泵　7—风扇　8—散热器　9—发动机

当发动机运转后，带动水泵工作，使发动机的冷却液经过热水阀流入加热器芯，这时鼓风机送来的冷空气经过加热器芯，将冷却液的热量带走，从而变成热空气送入车内以取暖。冷却液的温度下降，通过水泵又流入发动机冷却液道。由于水泵不停地循环工作，冷却液不断地流入加热器芯，使车内不断地有热风吹出。通过控制热水阀的开度可以改变冷却液的流量，从而控制车内温度的高低。

传统汽车空调大多采用冷暖一体化空调，暖风系统热水阀已经被取消，即发动机一

运转，冷却液就会流经加热器芯，这时暖风温度通过通风配气系统中的温度混合风门控制。

二、新能源汽车空调系统的工作原理

新能源汽车与传统汽车在空调系统构成上存在差别，不同类型的新能源汽车在空调系统上也有各自的特点。

1. 纯电动汽车空调系统的工作原理

（1）电动汽车空调系统

1）电动汽车空调制冷系统。电动汽车空调制冷系统的工作原理与传统汽车空调制冷系统的原理基本一致，但一些电动汽车动力蓄电池的冷却也通过空调制冷系统来实现，故而略有不同。图 1-2-4 所示为动力蓄电池及空调制冷系统的组成（宝马 i3）。其动力蓄电池单元直接通过制冷剂进行冷却，因此，空调系统的制冷剂循环回路由两个并联支路构成，一个用于车内冷却，一个用于动力蓄电池单元冷却。两个支路各有一个膨胀阀，用于相互独立地控制制冷功能。蓄能器管理电子装置可通过施加电压控制并打开膨胀阀，这样可使制冷剂流入动力蓄电池单元内，从而使动力蓄电池降温。车内制冷同样根据需要来进行，蒸发器前的膨胀阀由电气电子系统进行控制。

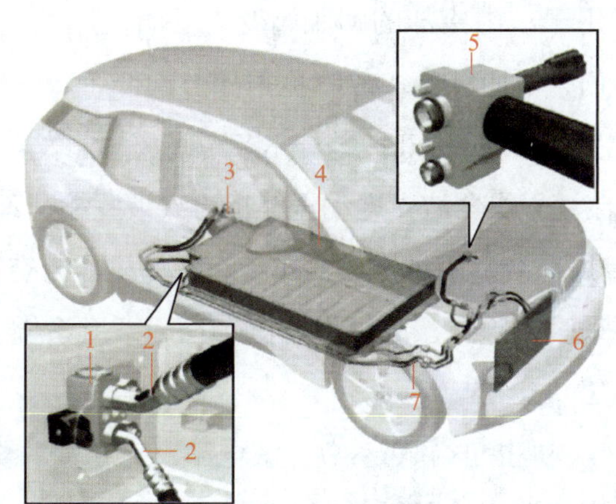

图 1-2-4 动力蓄电池及空调制冷系统的组成（宝马 i3）

1—膨胀阀 2—连接动力蓄电池单元的制冷剂循环回路 3—电动压缩机 4—动力蓄电池
5—用于车内冷却的膨胀阀 6—制冷剂循环回路内的冷凝器 7—制冷剂管路

图 1-2-5 所示为宝马 i3 空调制冷系统的工作原理。制冷模式时，低温低压的制冷剂蒸气被电动压缩机吸入，压缩为高温高压的过热蒸气并通过冷凝器。电动风扇将气流吹过冷凝器，使制冷剂放热，将高温高压气态的制冷剂冷凝为中温高压的液体。

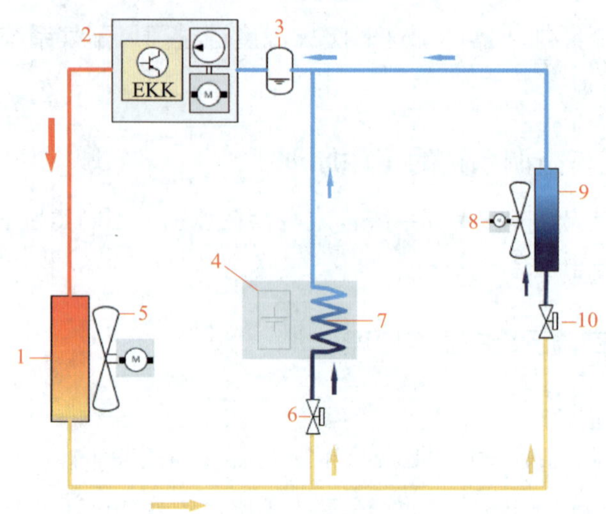

图 1-2-5　宝马 i3 空调制冷系统的工作原理

1—冷凝器　2—电动压缩机　3—储液干燥器　4—动力蓄电池单元　5—电动风扇　6—膨胀阀
7—热交换器　8—鼓风机　9—车内蒸发器　10—用于车内冷却的膨胀阀

与传统燃油汽车不同的是，一部分制冷剂经过膨胀阀变成低温低压的液体，再进入动力蓄电池单元内的热交换器中，制冷剂吸收动力蓄电池单元的热量，升温变为低压制冷剂蒸气，从而使动力蓄电池冷却降温。升温后的制冷剂蒸气经储液干燥器流入电动压缩机，再次被压缩，不断往复循环。

另一部分制冷剂经用于车内冷却的膨胀阀变为低温低压的液体，进入车内蒸发器，因车内温度较高且制冷剂为低压状态，故制冷剂沸点远低于蒸发器内温度，制冷剂迅速吸收车内大量的热汽化为制冷剂蒸气，鼓风机将气流吹过蒸发器形成冷风，实现制冷。升温后的制冷剂蒸气经储液干燥器流入电动压缩机再次被压缩，不断往复循环。

2）电动汽车空调暖风系统。因纯电动汽车没有发动机作为空调压缩机的动力源，无法利用发动机余热实现采暖和除霜，故纯电动汽车空调暖风系统主要采用以下两种供暖方式：

① PTC 加热器。PTC 是指正温度系数热敏电阻，它是一种典型的具有温度敏感性的半导体电阻，超过一定的温度（居里温度）时，它的电阻值随着温度的升高呈阶跃性的增高。PTC 加热器是采用 PTC 热敏电阻元件作为发热源的一种加热器。PTC 热敏电阻的电阻值随温度变化而急剧变化，当外界温度降低时，PTC 电阻值随之减小，发热量反而会相应增加。

纯电动汽车可使用 PTC 加热器直接加热空气，也可使用 PTC 加热器加热冷却液以加热空气。使用 PTC 加热器直接加热空气时，只需将传统汽车空调暖风水箱替换为 PTC 加热器，再辅以必要的控制设备，就能直接运用到纯电动汽车上。使用 PTC 加热器加热冷却液来加热空气时，PTC 水暖加热器的工作原理如图 1-2-6 所示。

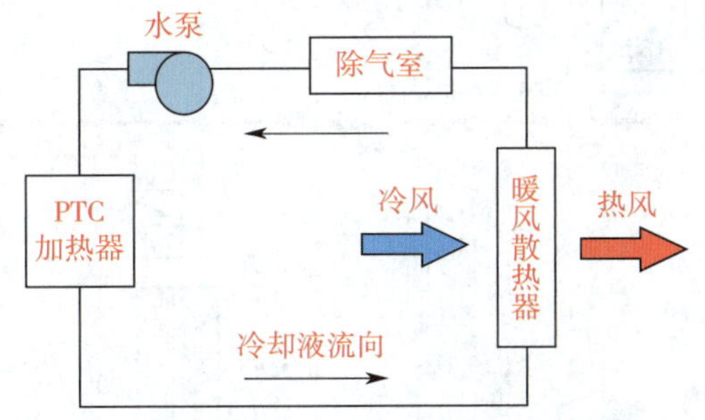

图 1-2-6　PTC 水暖加热器的工作原理

②热泵空调。热泵空调相比于 PTC 加热器，可大幅降低能耗，增加汽车的冬季续航里程，但热泵系统低温制热效率低且成本偏高，因此，大多数汽车厂家仍然采用 PTC 加热器供暖。今后随着低温热泵技术的不断突破，热泵空调的应用将越来越广泛。

图 1-2-7 所示为热泵空调系统的组成。

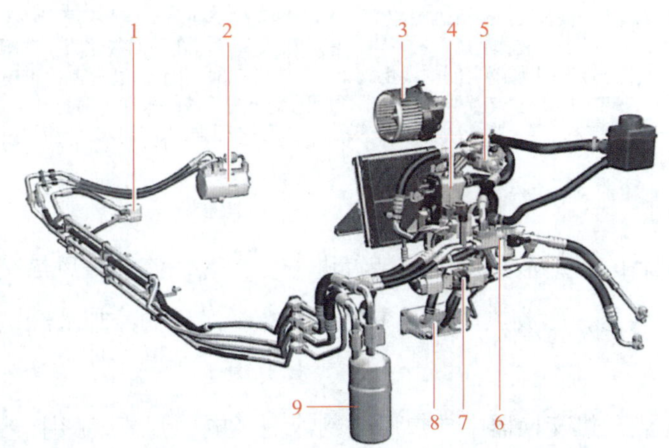

图 1-2-7　热泵空调系统的组成

1—动力蓄电池单元上的膨胀阀　2—电动压缩机　3—车内空间鼓风机　4—电加热装置
5—用于车内空间蒸发器的膨胀阀　6—冷凝器与干燥器瓶之间的截止阀
7—电动压缩机与热泵热交换器之间的截止阀　8—热泵热交换器　9—储液干燥器

空调系统中的冷凝器与蒸发器可统称为热交换器，若制冷剂在热交换器中液化冷凝放热，那么该热交换器可称为冷凝器；若制冷剂在热交换器中汽化蒸发吸热，那么该热交换器可称为蒸发器。热泵空调系统的工作原理与家用空调相似，制冷原理不再赘述，供暖时的制冷剂流动方向与制冷时相反，因此，制冷时的冷凝器供暖时变为蒸发器，制冷时的蒸发器供暖时变为冷凝器。图 1-2-8 所示为热泵空调暖风系统的工作原理。

供暖模式时，制冷剂截止阀 17、21 关闭，制冷剂截止阀 18、20 打开，制冷剂被电动压缩机压缩为高温高压的气体，经过制冷剂截止阀到达热泵热交换器，向暖风循环回

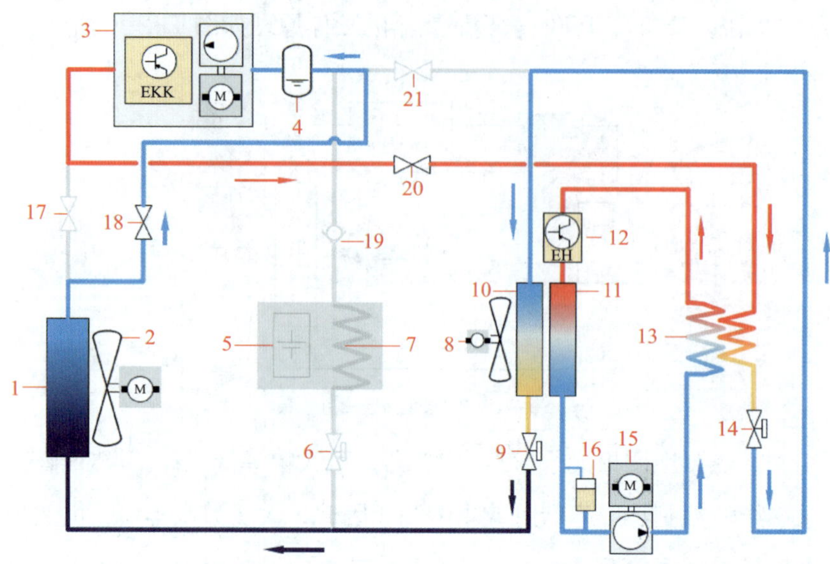

图 1-2-8　热泵空调暖风系统的工作原理

1—蒸发器　2—电动风扇　3—电动压缩机　4—储液干燥器　5—动力蓄电池单元　6—用于动力蓄电池单元内散热管的膨胀阀　7—动力蓄电池单元内的散热管　8—车内空间鼓风机　9—用于车内空间蒸发器的膨胀阀　10—冷凝器　11—暖风热交换器　12—电加热装置　13—热泵热交换器　14—用于热泵热交换器的膨胀阀　15—电动冷却液泵　16—冷却液补液罐　17—电动压缩机与蒸发器之间的截止阀（该阀未通电时打开）　18—蒸发器与储液干燥器之间的截止阀（该阀未通电时关闭）　19—制冷剂单向阀　20—电动压缩机与热泵热交换器之间的截止阀（该阀未通电时打开）　21—热泵热交换器上膨胀阀与储液干燥器之间的截止阀（该阀未通电时打开）

路的冷却液释放热量。

一方面，升温后的冷却液被电加热装置进一步加热，流经暖风热交换器，鼓风机将气流吹过暖风热交换器，形成热风，对车内供暖。降温后的冷却液经电动冷却液泵流回热泵热交换器。

另一方面，在热泵热交换器中放热后的制冷剂经电动调节式膨胀阀 14，降温降压后流入冷凝器。通过控制原本用于进行冷却的电动调节式膨胀阀 9，使冷凝器内的制冷剂压力提高（有利于冷凝放热），鼓风机将气流吹过冷凝器，并利用由此产生的热量，对车内供暖。放热后的制冷剂液体通过膨胀阀 9 节流降压（有利于蒸发吸热），低温低压液态的制冷剂通过蒸发器吸收环境热量，汽化为制冷剂蒸气，再通过打开的制冷剂截止阀 18 和储液干燥器重新输送至电动压缩机，完成供暖循环。

（2）电动客车空调系统

图 1-2-9 所示为电动客车一体式电动空调系统原理图。

该系统制冷循环过程为：高温高压的制冷剂蒸气经过车外冷凝器向空气中释放热量，冷凝为高温高压的过冷液体，经过桥路、储液罐，再经过经济器后分为两路，一路经过主路膨胀阀节流变为低温低压的制冷剂液体，通过车内蒸发器蒸发吸热，吸收车内的热

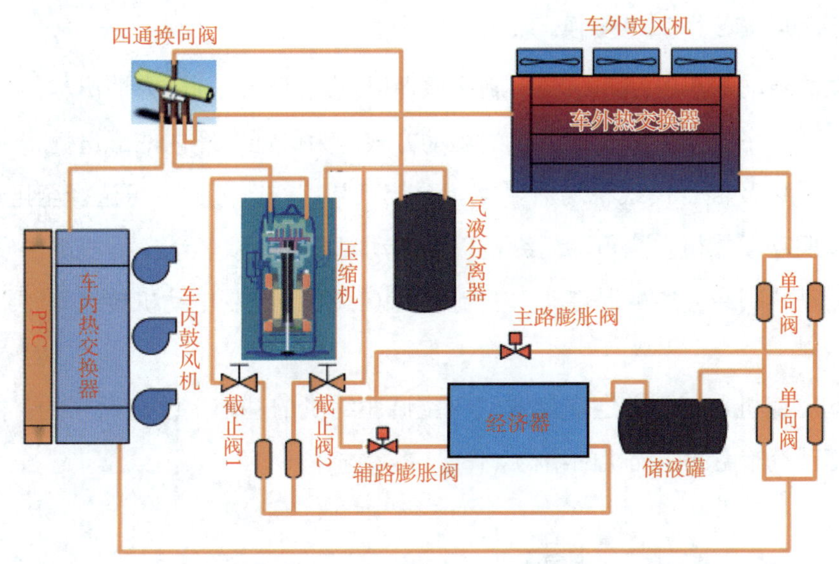

图 1-2-9　电动客车一体式电动空调系统原理图

量；另一路为辅路，经过辅路膨胀阀节流之后逆流进入经济器，蒸发吸收主路制冷剂液体的热量对其进行过冷，之后进入中压补气口或者低压补气口；主路制冷剂通过车内蒸发器吸热后，变为低温低压的制冷剂气体，与低压吸气后的制冷剂混合后进入压缩机吸气口，压缩为高温高压的制冷剂气体；或者经过压缩机压缩到中间压力后，与中间补气口的制冷剂气体混合，再被压缩为高温高压的制冷剂气体，进入下一阶段的制冷循环。

电动客车一体式电动空调系统暖风循环过程主要是通过四通换向阀的切换和桥路变换来实现的。其循环过程为：高温高压的制冷剂蒸气经过车内冷凝器向车内释放热量，冷凝为高温高压的过冷液体，经过桥路、储液罐，再经过经济器后分为两路，一路经过主路膨胀阀节流变为低温低压的制冷剂气液混合物，通过车外蒸发器蒸发吸热，吸收车内的热量；另一路为辅路，经过辅路膨胀阀节流之后返回，逆流进入经济器，蒸发吸收主路制冷剂液体的热量，对其进行过冷，之后进入中压补气口或者低压补气口；主路制冷剂通过车外蒸发器吸热后变为低温低压的制冷剂气体，与低压吸气后的制冷剂混合后，被压缩机压缩为高温高压的制冷剂气体；或者经过压缩机压缩到中间压力后，与中间补气口的制冷剂气体混合，被压缩为高温高压的制冷剂气体，进入下一阶段的热泵循环。

电动客车一体式电动空调系统的除霜功能是通过切换四通换向阀反向运行，增开车内 PTC 电加热，同时关闭车外鼓风机的快速融霜技术予以实现。其循环过程与制冷循环相同，只是在车内换热器前增加了 PTC 电加热，同时关闭车外鼓风机。该快速融霜技术有利于加速融霜以及减少车内吹冷风感，提高乘员的乘车舒适性。

2. 混合动力电动汽车空调系统的工作原理

混合动力电动汽车的空调结构、制冷原理以及内部制冷剂压力情况与传统汽车空调系统基本一致，主要区别在于压缩机的驱动方式。为保证车厢内的舒适性，在发动机模式、电动模式以及混合模式下均需要空调系统正常工作，因此，可选择全电动压缩机，也可选择双驱动压缩机。全电动压缩机仅由电动机驱动，双驱动压缩机则由发动机与电动机协同驱动，制冷性能由混合动力控制模块（HCU）控制电动机转速即压缩机转速来完成。

双驱动压缩机是基于普通涡旋式汽车空调压缩机的基础上改进而来的，图 1-2-10 所示为双驱动汽车空调压缩机的结构。

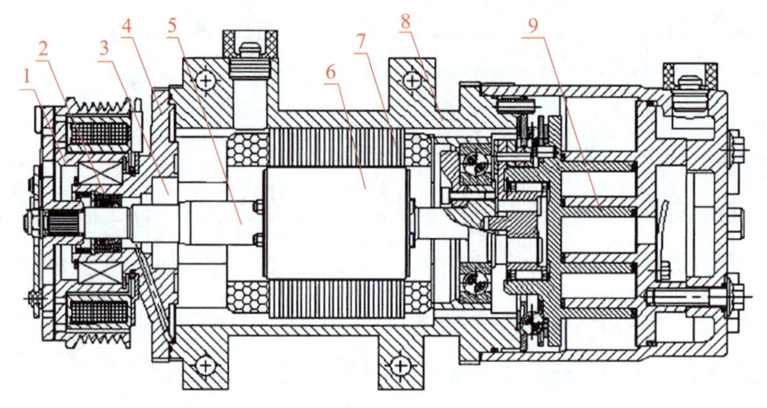

图 1-2-10　双驱动汽车空调压缩机的结构

1—离合器部件　2—轴封　3—轴承　4—前盖　5—曲轴　6—电动机转子　7—电动机定子　8—电动机壳体　9—涡旋式压缩机

配备双驱动压缩机的混合动力电动汽车，在纯电动模式下，由蓄电池作为压缩机的动力源，若在发动机正常运转模式下，也可以由发动机驱动压缩机，因此解决了发动机停止工作时空调压缩机无动力来源以及电动空调系统能量转换损耗大，影响电动机、电动汽车电池使用寿命的问题。在汽车临时停车时，如遇到红灯或者持续减速时，则切换到电驱动模式，由电池提供能量，以确保车室内舒适的温度，从而不必专为带动空调压缩机而使发动机怠速运转，这样就避免了在怠速工况下燃油经济性和排放性不佳的状况，减少了油耗，减轻了对环境的污染。

混合动力电动汽车的车内供暖可通过电加热装置来实现。宝马 X1 混合动力电动汽车的发动机在很多驾驶条件下所产生的热量非常低，无法将冷却液回路加热至必要的温度，所以配备了电加热装置，如图 1-2-11 所示。

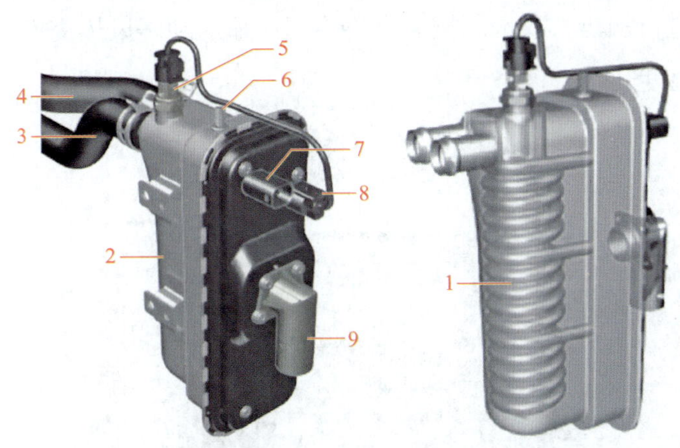

图 1-2-11 电加热装置

1—加热螺旋体 2—电加热装置壳体 3—冷却液回流管路接口 4—冷却液供给管路接口
5—出口处的冷却液温度传感器 6—电位平衡导线接口 7—信号插头
8—传感器接口 9—高压插头接口

将电加热装置与传统汽车空调暖风水箱串联，通过电加热装置加热后的冷却液进入空调暖风水箱，空气通过暖风水箱被加热升温吹入车内，实现车内供暖功能。图 1-2-12 所示为电加热装置的安装位置。加热系统中还设有控温器和限温器。控温器一般都设置在插入水中的金属管内，其最高控制温度一般都设定在合适的温度区域，这样就可保证加热器有较大的蓄热量。为了避免控温器失灵时加热冷却液温度过高而影响车辆的工作性能，系统内设有限温器，其限温值设定在略高于控温器的最高控制温度，一旦加热温度达到设定值时，限温器便立即切断电源，避免因加热失控而影响整车性能。

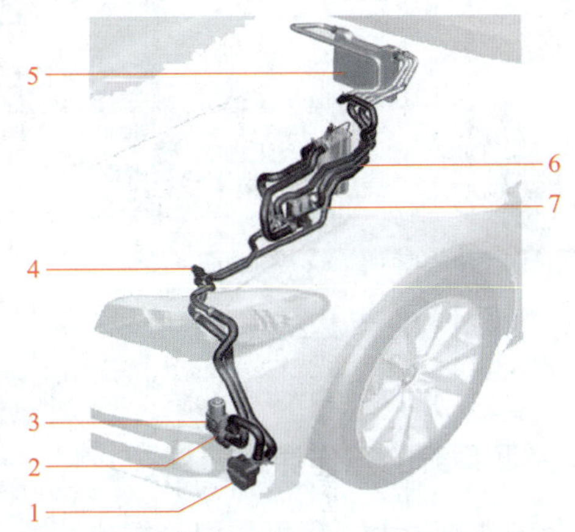

图 1-2-12 电加热装置的安装位置

1—电动冷却液泵 2—来自冷却液循环的接口 3—电动转换阀 4—至冷却液循环的接口
5—热风交换器 6—电加热装置 7—双水阀

如图 1-2-13 所示为电加热装置工作时的暖风系统原理。当冷却液温度较低时，接线盒电子装置控制电动转换阀关闭，阻止发动机冷却液流入。电动冷却液泵将冷却液泵入电加热装置中进行加热，双水阀按需求将冷却液输送到暖风热交换器中，由鼓风机吹出热风，使车内温度升高。

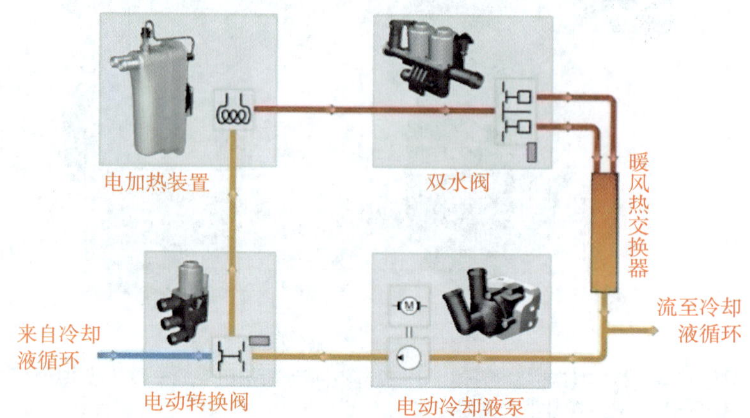

图 1-2-13　电加热装置工作时的暖风系统原理

如图 1-2-14 所示为电加热装置不工作时的暖风系统原理。当冷却液温度较高时，因电动转换阀不通电呈打开状态，被发动机加热的冷却液流经电动转换阀、电加热装置（不工作）和双水阀，到达暖风热交换器。冷却液将一部分热量排向流经暖风热交换器的空气后，重新流回发动机冷却液循环中。

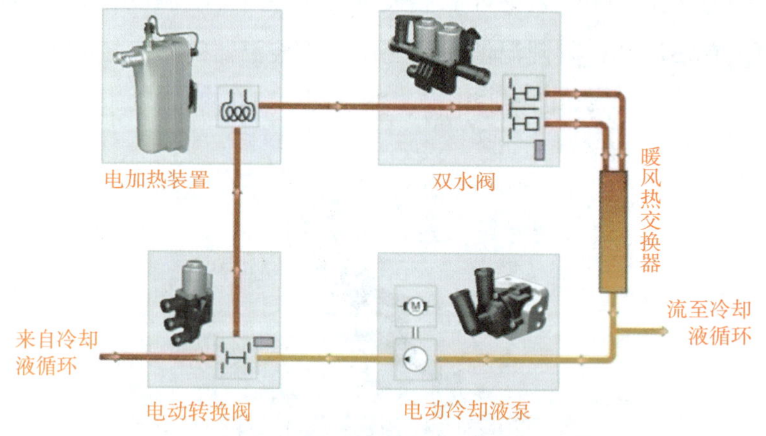

图 1-2-14　电加热装置不工作时的暖风系统原理

3. 燃料电池电动汽车空调系统的工作原理

燃料电池电动汽车因余热排放量大，除可采用蒸发式制冷空调系统外，还可以采用吸收式制冷空调系统实现制冷，再利用电池余热实现供暖。

吸收式制冷是利用两种物质所组成的二元溶液作为工质对，利用工质对的质量分数变化完成制冷剂的循环。这两种工质在同一压强下有不同的沸点，其中高沸点的工质称为吸收剂，低沸点的工质称为制冷剂。常用的吸收剂－制冷剂组合有两种：一是溴化

锂－水，通常用于空调系统；二是水－氨，通常用于工业低温系统。

在正常大气压力条件下（760 mmHg），水要在 100 ℃才能沸腾而蒸发，而在真空环境下，水可以在温度很低时沸腾，如在密闭的容器里制造 6 mmHg 的真空条件，水的沸点只有 4 ℃，溴化锂溶液就可以创造这种真空条件，利用水在高真空状态下沸点变低的特点来制冷（利用水沸腾的潜热）。溴化锂是一种吸水性极强的盐类物质，可以连续不断地将周围的水蒸气吸收过来，维持容器中的真空度，这就是通常采用溴化锂作为吸收剂、水作为制冷剂的原因。

溴化锂吸收式制冷空调系统主要由发生器、冷凝器、蒸发器、吸收器、热交换器、循环泵等部分组成。其中发生器是通过加热析出制冷剂的设备，吸收器是通过浓溶液吸收来自蒸发器的制冷剂蒸气的设备。

（1）燃料电池电动汽车吸收式制冷系统

图 1-2-15 所示为燃料电池电动汽车吸收式制冷系统工作流程，燃料电池热管理系统的主换热器直接通入吸收式制冷系统的发生器中，避免了二次换热的能量损失。同时，换热器上部接调节泵的旁通支路，当燃料电池的热量多于吸收式制冷所需的热量时，该部分热量通过旁通支路从辅助换热器排出，从而确保燃料电池在允许温度范围内工作。为简化设备，吸收式制冷系统的冷凝器、吸收器和燃料电池的辅助换热器共用一套冷却系统，通至车外的风冷式换热器中。

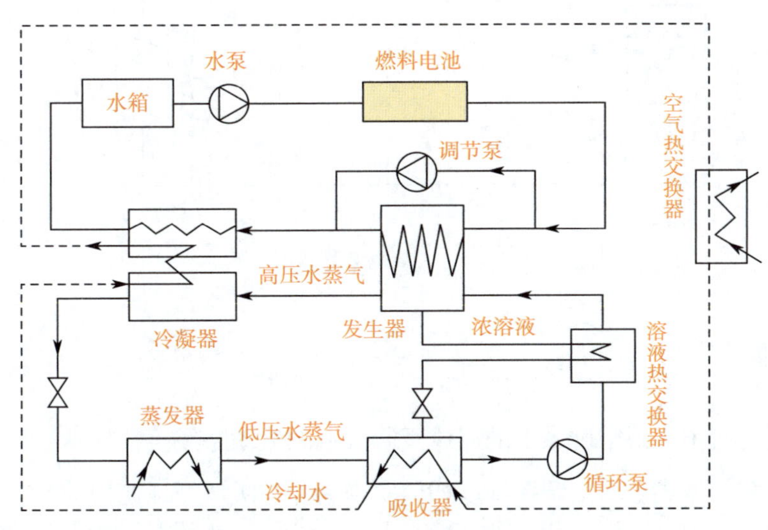

图 1-2-15　燃料电池电动汽车吸收式制冷系统工作流程

在溴化锂吸收式制冷空调运行过程中，溴化锂水溶液在发生器内受到热媒水的加热后，溶液中的水不断汽化，因此，发生器内的溴化锂水溶液浓度不断升高，进入吸收器。汽化后的水蒸气进入冷凝器，被冷凝器中的冷却水降温冷凝，成为高压低温的液态水制冷剂。冷凝器内的液态水制冷剂通过节流阀节流后急速膨胀、汽化，进入蒸发器，并在汽化过程中吸收大量的热量，从而达到降温制冷的目的。在此过程中，低温水蒸气进入吸收器，被吸收器内的溴化锂水溶液吸收，溶液浓度逐步降低，再由循环泵送回发生器，如此循环制冷。由于溴化锂稀溶液在吸收器内已被冷却，温度较低，为了节省加热稀溶液的热量，提高整个装置的热效率，在系统中增加了一个溶液热交换器，让发生器流出的高温浓溶液与吸收器流出的低温稀溶液进行热交换，提高稀溶液进入发生器的温度。

（2）燃料电池电动汽车暖风系统

若采用吸收式热泵为燃料电池电动汽车供暖，则会增加吸收式系统的复杂性，不利于整体结构的稳定，故采用直接利用电池散热供暖的方式。图 1-2-16 所示为燃料电池电动汽车供暖系统，当冬季汽车工作时，冷却水泵开启，80 ℃的冷却水经过燃料电池散热器对燃料电池进行冷却，降低到合适温度。打开截止阀，部分热水通过车内散热器对车内进行供暖，由供暖水泵将供暖部分的水加压输送到主管路，与三通阀出口处的回流冷却液一起继续对燃料电池进行冷却。当不需要进行供暖的时候，关闭截止阀即可断开供暖循环。供暖温度的高低可以通过三通阀的开启度进行调节。

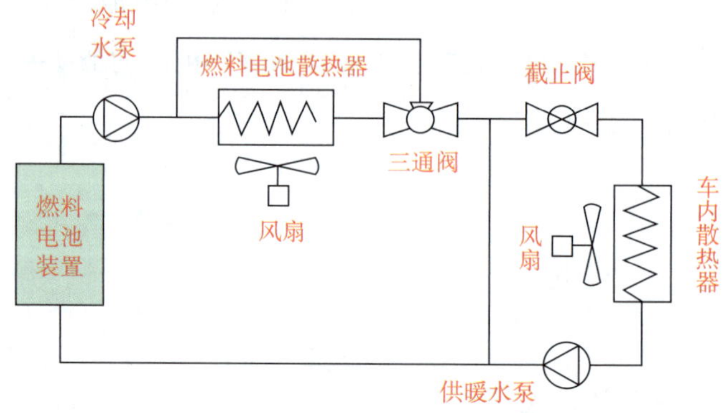

图 1-2-16　燃料电池电动汽车供暖系统

思考与练习

1. 简述电动汽车热泵空调系统的组成及制冷剂的流动路线。
2. 电动客车一体式电动空调系统是如何实现制冷与暖风循环切换的？
3. 燃料电池电动汽车吸收式制冷系统中的制冷剂是什么物质？它的循环路线是怎样的？

课题小结

新能源汽车空调系统的工作原理
传统汽车空调系统的工作原理
制冷系统
暖风系统
新能源汽车空调系统的工作原理
纯电动汽车空调系统
电动汽车空调系统
制冷系统
暖风系统
PTC加热器
热泵空调
电动客车空调系统
混合动力电动汽车空调系统
燃料电池电动汽车空调系统
吸收式制冷系统
暖风系统

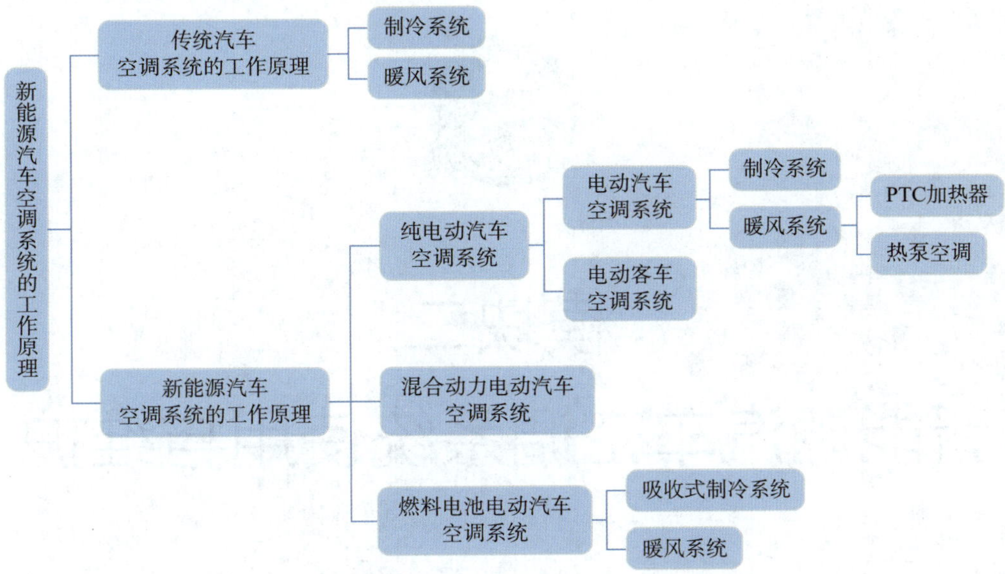

模块二
新能源汽车空调系统使用与维护

课题一 | 新能源汽车空调的使用

学习目标

1. 熟悉新能源汽车的空调控制面板。
2. 熟悉汽车空调控制面板的功能并能够熟练使用汽车空调。
3. 掌握电动汽车空调的使用注意事项。

●任务描述

一辆2017款混合动力卡罗拉轿车被送到4S店维修，车主反映该车空调制冷量不足，希望4S店能帮助检查汽车空调功能是否正常。维修顾问将汽车交给维修人员，要求维修人员操作控制面板，对该车空调进行制冷性能测试。

●任务分析

维修人员如要对该车空调制冷性能进行测试，需要了解混合动力卡罗拉轿车空

调控制面板各功能键的功用，并能使用控制面板各功能键对该车空调系统性能进行测试。

相关理论

一、汽车空调控制面板的分类

新能源汽车空调控制面板与传统汽车空调控制面板的结构基本相同，按照汽车空调吹风方式、调温方式和调风方式的不同，可将汽车空调控制面板分为手动和自动两种。图 2-1-1 和图 2-1-2 所示分别是手动空调控制面板和自动空调控制面板。

图 2-1-1 手动空调控制面板

图 2-1-2 自动空调控制面板

二、汽车空调控制面板功能键的使用

自动空调控制面板的操作

1. 混合动力卡罗拉汽车手动空调控制面板

（1）手动空调风量调节旋钮及除霜开关

图 2-1-3 所示为卡罗拉汽车手动空调风量调节旋钮及除霜开关，车辆在选择开启空调制冷时，需先打开空调风量调节旋钮，旋转至 1～4 挡的任意挡位，再按下制冷控制 A/C 开关，汽车空调才能正常开启制冷。此外，车内乘员还应根据需要调节不同的出风量，当风量开关处于“OFF”状态时，汽车空调将无法开启。如后风窗及倒后镜采用了电加热式除霜装置，按下除霜开关（见图 2-1-3），指示灯亮起，表明处于除霜工作状态。

（2）手动空调温度调节旋钮及制冷控制开关

图 2-1-4 所示为卡罗拉汽车手动空调温度调节旋钮及制冷控制开关，温度调节旋钮有蓝色区域和红色区域，蓝色区域为制冷模式，红色区域为加热模式，可根据温度需要进行调节。将旋钮旋向蓝色区域下方，制冷量逐渐增大；将旋钮旋向红色区域下方，制

热量逐渐增大。中间的 A/C 开关为制冷控制开关，按下 A/C 开关，指示灯亮起，压缩机工作，空调可实现制冷。

图 2-1-3　卡罗拉汽车手动空调风量调节旋钮及除霜开关

图 2-1-4　卡罗拉汽车手动空调温度调节旋钮及制冷控制开关

（3）手动空调出风模式调节旋钮及进风模式选择开关

图 2-1-5 所示为卡罗拉汽车手动空调出风模式调节旋钮及进风模式选择开关。出风模式调节旋钮从左边最下方图标顺时针方向至右边最下方图标分别是吹身体上半部分模式、吹上半身及地板（脚）模式、吹地板（脚）模式、吹地板（脚）及前风窗模式、吹前风窗模式。中间按钮开关为进风模式选择开关，按下开关指示灯亮起，空调进风模式为内循环模式，反之则为外循环模式。

图 2-1-5　卡罗拉汽车手动空调出风模式调节旋钮及进风模式选择开关

2. 混合动力卡罗拉汽车自动空调控制面板

自动空调又称恒温空调，其功能与手动空调相近，但其能保持所选温度恒定，系统会尽可能快地调节冷气和暖气的比例，使车厢内处于选定的恒温值，其控制更为智能化，操作也更为简便。混合动力卡罗拉汽车自动空调的面板操作与其他车型自动空调的面板操作大致相同。

图 2-1-6 所示为混合动力卡罗拉汽车自动空调控制面板。自动空调的功能键与手动空调也大致相同，下面重点介绍其特有的按钮：AUTO 按钮，按下此按钮，空调系统会根据车内外的温度情况自动控制出风量大小和制冷量大小，使车内温度尽快达到较理想的状态。若驾驶员手动调节风量，则解除自动功能。自然通风模式按钮也称经济运行模式按钮，按下此按钮后空调压缩机不工作，不制冷，只吹自然风，处于节能模式。OFF 按钮也称鼓风机关停按钮，按下此按钮，空调系统处于关机状态，即鼓风机和压缩机均不通电。

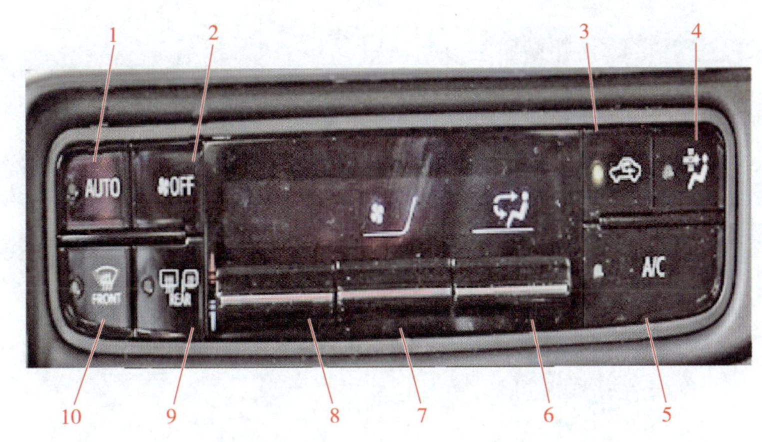

图 2-1-6 混合动力卡罗拉汽车自动空调控制面板

1—AUTO 按钮 2—OFF 按钮 3—进风模式切换按钮 4—自然通风模式按钮 5—制冷控制按钮 6—出风模式调节按钮 7—调风按钮 8—调温按钮 9—后车窗及倒后镜除霜开关 10—前风窗除霜开关

三、电动汽车空调使用注意事项

1. 启动汽车时空调应处于关闭状态，否则会增加电源系统的启动负担；汽车停止时应关闭空调。

2. 打开空调时应关闭车窗，降低热负荷，增强制冷效果，减轻空调制冷负担。

3. 夏季时车辆应避免太阳暴晒，最好在打开车门、车窗散热后再启动空调制冷系统。

4. 长期不使用汽车空调时，最好每两周启动汽车空调运行一下，让润滑油和制冷剂在空调系统中流动，起到保护空调系统的作用。

5. 空调不宜长期在小风量下运行，这样对空调内部通风管路起不到清洁作用。

6. 冷凝器因为工作环境比较差，容易脏污，要定期检查和清洁，让空调的散热效果达到最佳。

7. 空调滤芯起过滤空气的作用，要定期清洁和更换。

思考与练习

1. 混合动力卡罗拉汽车空调出风模式有哪几种？
2. 电动汽车空调的使用注意事项有哪些？

课题小结

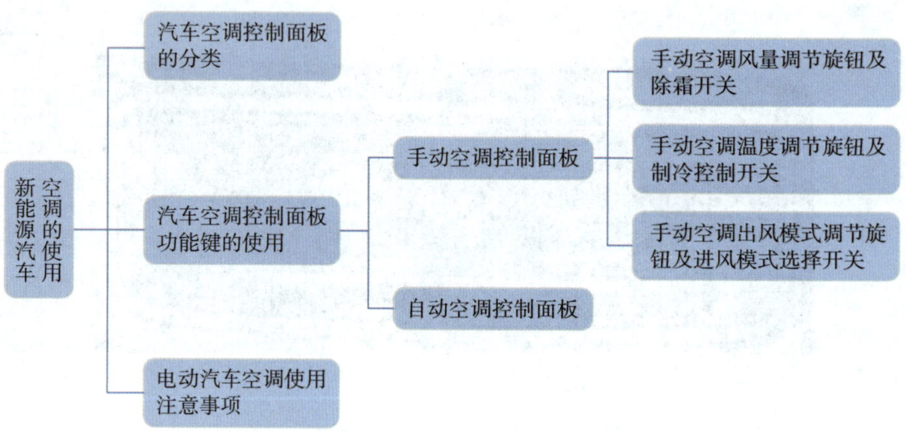

课题二 新能源汽车空调系统检修工具的认识

学习目标

1. 熟悉检修新能源汽车空调的常用工具。
2. 掌握检修新能源汽车空调的专用工具和设备。

任务描述

古人云：“工欲善其事，必先利其器。”作为一名汽车维修人员，当接到汽车空调的保养或维修任务时，首先要准备好合适的工具、仪器和设备。

任务分析

工具和设备使用是汽车维修过程中非常重要的部分，要严格选择工具，避免使用没有安全保证的工具；严格按照规范操作，避免错误操作给人员和设备造成不必要的伤害。本课题将对汽车空调维护及维修所需的工具、仪器、设备的功能和使用进行介绍。

相关理论

一、汽车检修常用工具和设备的使用

常用工具是汽车维修必不可少的普通工具，有扳手、旋具、套筒、钳子、拉拔器、万用表等。

1. 扳手

扳手可分为开口扳手、梅花扳手、活扳手、棘轮扳手、力矩扳手等，其中，汽车上常用的是梅花扳手、棘轮扳手和力矩扳手。

（1）开口扳手

开口扳手又称呆扳手，有单头开口和双头开口之分，如图 2-2-1 所示，一般选用优质工具钢锻造，通过整体热处理加工而成。开口扳手常用于拆卸一些位置比较狭窄、又不能使用套筒或梅花扳手操作的场合。

（2）梅花扳手

梅花扳手一般用优质工具钢制成，如图 2-2-2 所示，可用于拆卸或固定螺栓和螺母。使用梅花扳手时，左手握住梅花扳手与螺栓连接处，保持梅花扳手与螺栓完全配合，防止滑脱；右手握住梅花扳手另一端并加力。梅花扳手可将螺栓、螺母的头部全部围住，可以施加较大力矩。

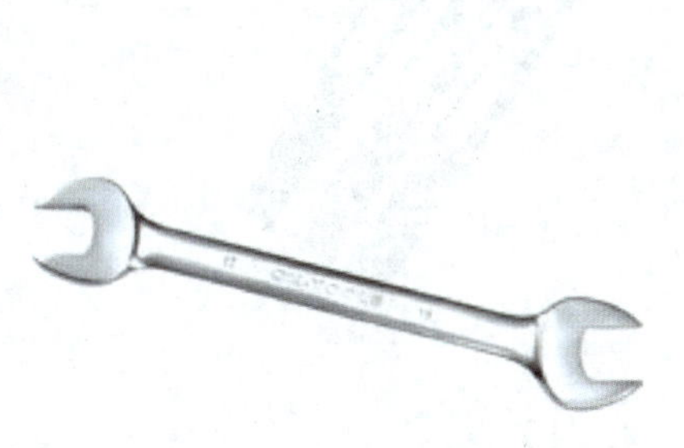

图 2-2-1 开口扳手

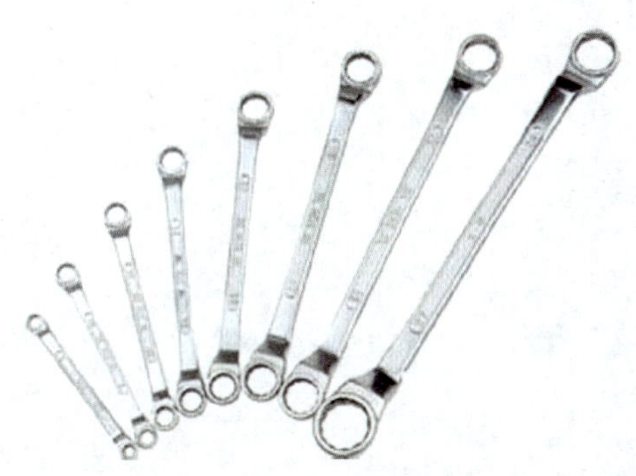

图 2-2-2 梅花扳手

（3）活扳手

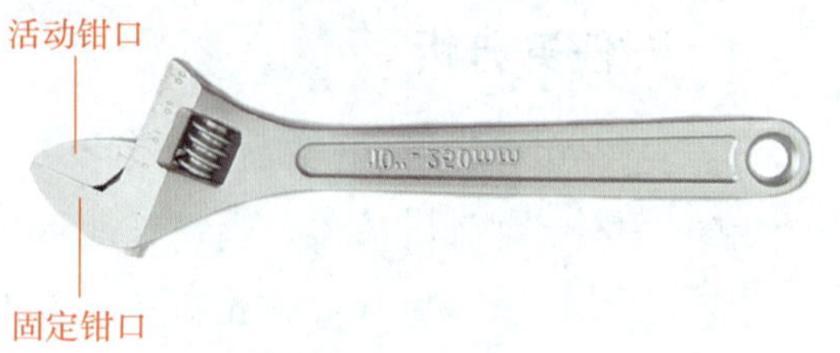

图 2-2-3　活扳手

图 2-2-3 所示为活扳手，也叫可调扳手。它能在一定范围内任意调节开口尺寸，适用于调节尺寸不规则的螺栓、螺母。应按螺栓或管件大小选用适当的活扳手。使用活扳手时，应先将活扳手调整合适，使活扳手钳口与螺栓、螺母两对边完全贴紧，不存在间隙，防止打滑，以免损坏管件或螺栓，造成人员损伤。操作时，应将固定钳口作为主要承载面。

（4）棘轮扳手

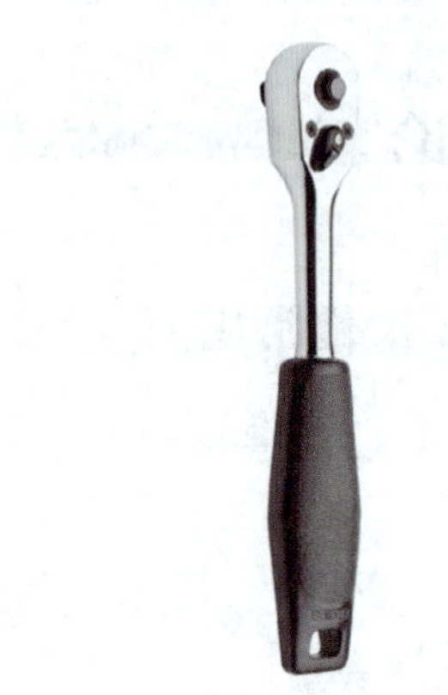
图 2-2-4　棘轮扳手

图 2-2-4 所示为棘轮扳手，棘轮扳手的头部设计有棘轮装置，在不脱离套筒和螺栓的情况下，可实现快速单方向的转动。通过调整其锁紧机构，可改变旋转方向，将锁紧机构手柄调到左边，能单方向顺时针拧紧螺栓或螺母；将锁紧机构手柄调到右边，能单方向逆时针松开螺栓或螺母。棘轮扳手可与套筒配合使用，使用时，按下锁定按钮，将套筒套入棘轮扳手的方榫中；松开锁定按钮，套筒即被锁止；如再次按下锁定按钮，即可解除套筒锁定，取出套筒。

（5）力矩扳手

1）力矩扳手的类型。图 2-2-5 所示为力矩扳手，力矩扳手有手动力矩扳手、电子力矩扳手、风动力矩扳手等。

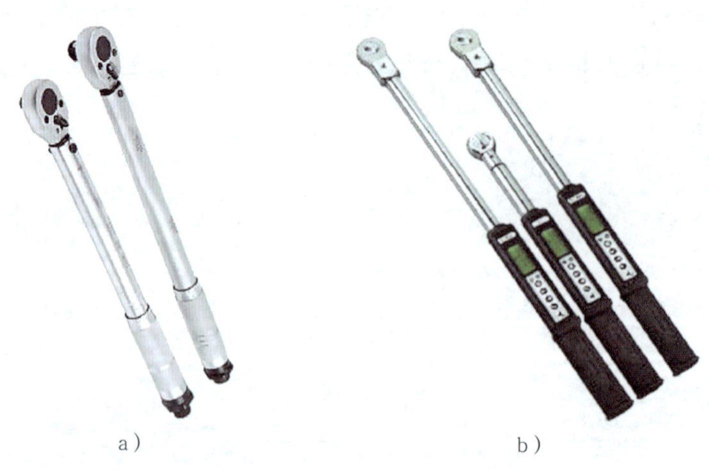
a）　　b）

图 2-2-5　力矩扳手

a）手动力矩扳手　b）电子力矩扳手

2）力矩扳手的用途。力矩是力和距离的乘积，在紧固螺钉、螺栓、螺母等螺纹紧固件时，需要控制施加的力矩大小，以保证螺纹紧固且不至于因力矩过大破坏螺纹，所以需用力矩扳手来操作。

3）力矩扳手的选用和使用方法

①力矩扳手需与套筒配合使用，选用合适量程的力矩扳手。力矩扳手是按人手的力量来设计的，遇到较紧的螺纹紧固件时，不能用锤子敲击扳手，以防损坏扳手或螺纹紧固件。

②根据工件所需力矩值要求，确定预设力矩值。预设力矩值时，将力矩扳手手柄上的锁定环旋转松开，同时转动手柄，调节标尺主刻度线和微分刻度线数值至所需力矩值。调节好后，拧紧锁定环，手柄锁定。在扳手方榫上装上相应规格的套筒，并套住紧固件，在手柄上缓慢用力，当拧紧到发出“咔哒”声时，表示已达到预设力矩值，同时伴有明显的振动手感，提示停止加力，完成工作。一次作业完毕解除作用力后，扳手各相关零件能自动复位。力矩扳手可切换两种方向，实现与棘轮扳手相同的单方向旋转。使用力矩扳手时，应平衡缓慢地加载力矩，不可猛拉猛推，以免造成过载，导致力矩扳手损坏。

（6）扳手类工具的使用注意事项

1）扳手在使用中应注意与螺栓或螺母的平面保持水平，以免用力时扳手滑出伤人。不能在扳手尾端加接套管延长力臂，以防损坏扳手。不能用锤子敲击扳手，扳手在冲击载荷下极易变形或损坏。

2）不能将公制扳手与英制扳手混用，以免打滑而伤及使用者。一般优先选用棘轮扳手，其次为梅花扳手，再次为开口扳手，最后选活扳手。

2. 旋具

旋具俗称起子或螺丝刀，如图 2-2-6 所示，是一种用来拧螺钉以使其就位的工具。旋具有一字旋具、十字旋具、万能旋具、内六角旋具和外六角旋具等多种。一般旋具杆表面镀铬，头部充磁可吸住铁质螺钉，以方便操作。

3. 套筒

套筒是用于上紧或卸松螺钉的工具，如图 2-2-7 所示。一套套筒一般有数个内六棱形的套筒，套筒的内六棱的大小根据螺栓的型号依次排列，可根据需要选用。

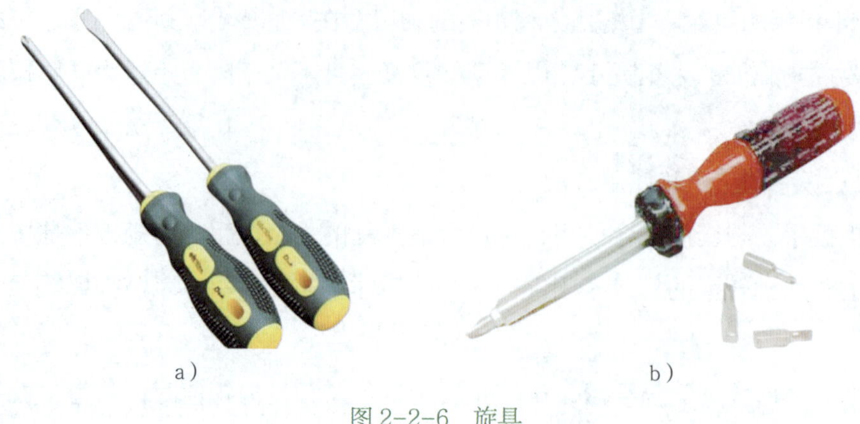

a)　　b)

图 2-2-6　旋具

a）一字旋具、十字旋具　b）万能旋具

图 2-2-7　套筒

4. 钳子

图 2-2-8 所示为钳子。钳子是一种用于夹持、固定加工工件或者扭转、弯曲、剪断金属丝线的手工工具。钳子的外形呈倒 V 字形，通常包括手柄、钳腮和钳嘴三个部分。钳子一般用碳素工具钢制造，先锻压轧制成钳子形状，然后经过磨铣、抛光等金属切削

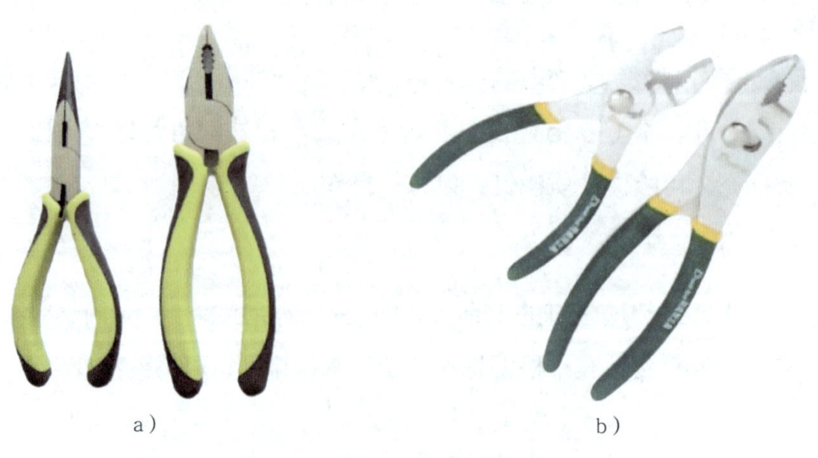

a)　　b)

图 2-2-8　钳子

a）尖嘴钳　b）鲤鱼钳

加工，最后进行热处理。钳子的种类很多，有尖嘴钳、鲤鱼钳、斜嘴钳、钢丝钳、扁嘴钳、针嘴钳、断线钳、大力钳、管子钳、打孔钳等。

5. 拉拔器

图 2-2-9 所示为拉拔器，是把齿轮、带轮等从轴上无损伤快速拆卸下来的工具。因为齿轮和带轮在轴上固定较紧，用金属敲击和撬取很容易损伤零件，使用拉拔器就很好地解决了上述问题。选用合适的拉拔器时，应使夹具压紧被拆的零件，使用螺杆压力尽量大的拉拔器，夹具要足够宽，能够覆盖在齿轮上，避免损伤齿轮。

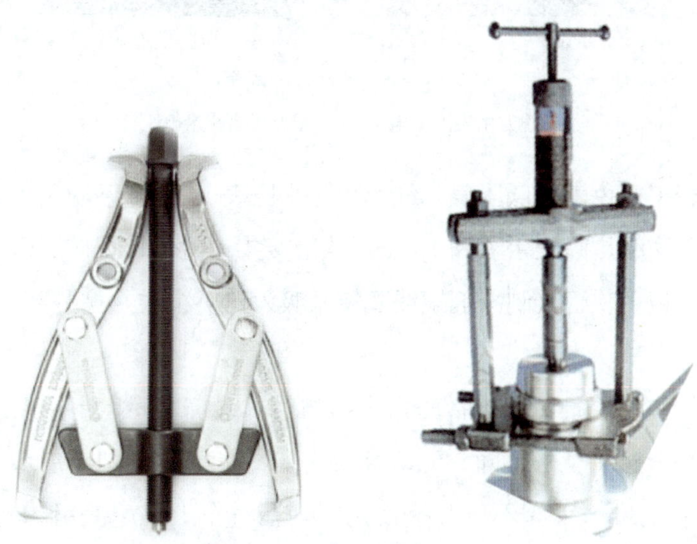

图 2-2-9　拉拔器

6. 万用表

万用表是测量多种电学参数的磁电式仪表，是汽车电路检查的常用工具，现在汽车用万用表以数字式为主，可用于测量电流、电压、电阻、发动机转速、发动机点火提前角、占空比信号以及晶体管参数等，具体使用方法可查阅相关使用说明书。图 2-2-10 所示为万用表的使用。

二、汽车检修专用工具和设备的使用

汽车检修专用工具和设备有歧管压力表组、真空泵、制冷剂加注阀、电子温度计、电子检漏仪、荧光检漏仪、制冷剂回收加注机、制冷剂分析仪等。

1. 歧管压力表组

（1）歧管压力表组的组成

图 2-2-11 和图 2-2-12 所示为歧管压力表组及其制冷系统的维修手阀。歧管压力

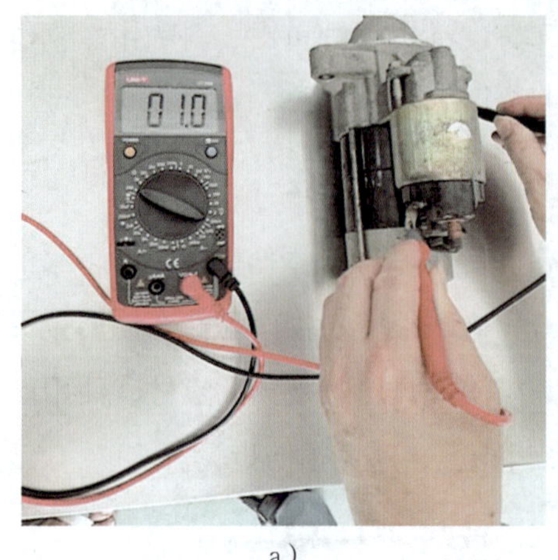

a）

b）

图 2-2-10　万用表的使用

a）用万用表测量电阻　b）用万用表测量电压

表组由两个压力表（蓝色表是低压表，红色表是高压表）、两个手动阀（蓝色手动阀是低压手动阀，红色手动阀是高压手动阀）、三根软管接头（蓝色软管接低压手动阀，红色软管接高压手动阀，黄色软管接制冷剂罐或真空泵吸入口）组成。这些部件都装在表座上，构成压力表组。

在抽真空和加注制冷剂时，歧管压力表组与空调系统之间靠制冷系统的维修手阀连接，维修手阀的高低压侧型号不同，无法互换安装。注意 R12 制冷剂系统的维修手阀和 R134a 制冷剂系统的维修手阀不可互换使用，现在汽车上普遍使用的是 R134a 制冷剂系统。

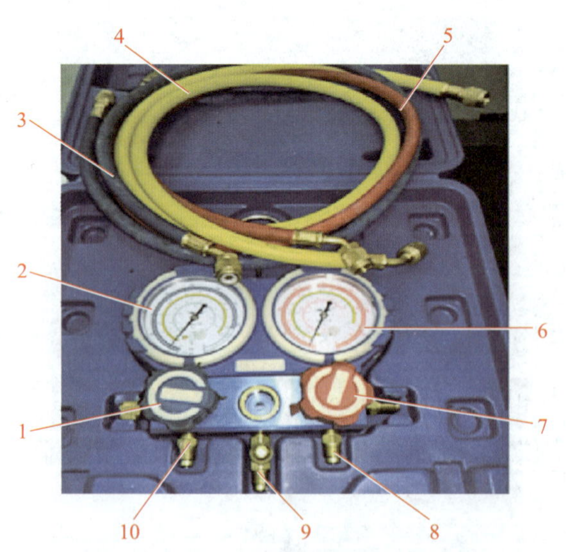

图 2-2-11　歧管压力表组的组成

1—低压手动阀（蓝） 2—低压表（蓝） 3—低压软管（蓝） 4—中间软管（黄） 5—高压软管（红）
6—高压表（红） 7—高压手动阀（红） 8—高压管接口 9—中间管接口 10—低压管接口

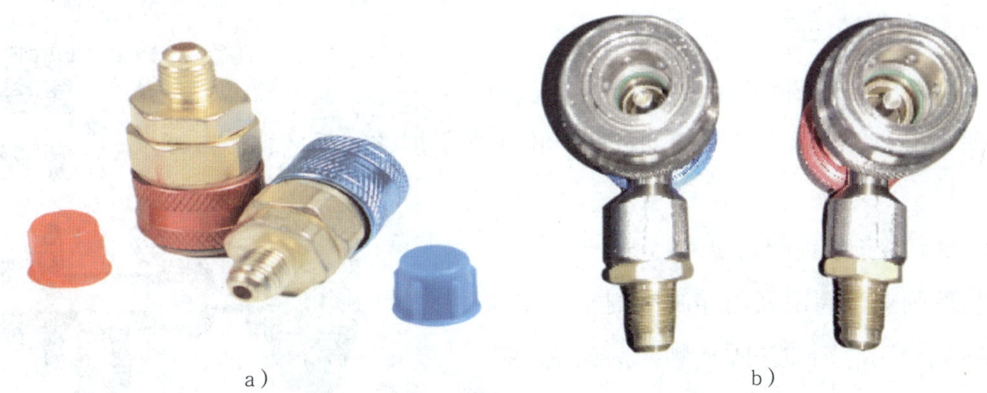

a）　　b）

图 2-2-12　制冷系统的维修手阀

a）R12 制冷剂系统的维修手阀　b）R134a 制冷剂系统的维修手阀

（2）歧管压力表组的作用

歧管压力表组可用于对汽车空调系统进行压力测试、抽真空、加注冷冻机油或制冷剂。其具体使用方法将在课题四、课题五中介绍。

2. 真空泵

在汽车空调制冷系统检修或更换元件后，系统管路中会存在一定量的空气，空气中的水蒸气在空调系统运行过程中会使制冷系统产生冰堵现象，导致空调制冷效果差或者不制冷。因此，对空调制冷系统检修后或在加注制冷剂前，应先使用真空泵对空调系统抽真空，如图 2-2-13 所示。其具体使用方法将在课题四中详细介绍。

图 2-2-13　使用真空泵对空调系统抽真空

3. 制冷剂加注阀

制冷剂瓶的安装

（1）制冷剂加注阀的结构

图 2-2-14 所示为制冷剂加注阀，由制冷剂加注阀手柄、接口等组成。

（2）制冷剂加注阀的使用

制冷剂加注阀用来刺穿制冷剂罐，使制冷剂能通过制冷剂加注阀从制冷剂罐流入歧管压力表组，再进入空调系统。其使用方法如图 2-2-15 所示，操作步骤如下：

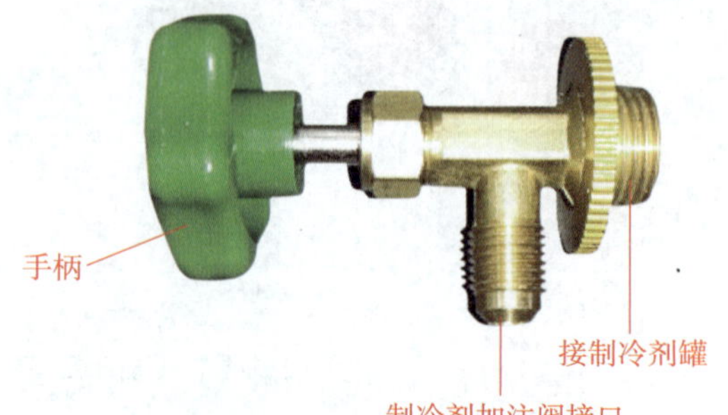

图 2-2-14　制冷剂加注阀

1）逆时针旋转制冷剂加注阀手柄，使阀针缩回。

2）逆时针旋转板状圆螺母到最高位置，然后将制冷剂加注阀拧紧在制冷剂罐上。

3）将板状圆螺母顺时针拧紧在制冷剂罐上，使制冷剂加注阀与制冷剂罐紧固，将歧管压力表组的中间软管连接到制冷剂加注阀接口上。

4）顺时针拧动制冷剂加注阀手柄，直至阀针穿透制冷剂罐体顶部金属。

5）逆时针旋转制冷剂加注阀手柄，退出阀针，此时制冷剂可流入歧管压力表组的中间软管中。

图 2-2-15　制冷剂加注阀的使用方法

6）停止加注制冷剂时，可再次顺时针旋转制冷剂加注阀手柄使阀针顶紧制冷剂罐，密封制冷剂。

注意：在加注制冷剂前要排空管路中的空气。制冷剂未使用完前不可拆卸制冷剂加注阀，防止制冷剂泄漏，伤害操作人员。

4. 电子温度计

温度计是用于测量温度的仪表，汽车空调检修中常用的是电子温度计（见图 2-2-16），通常测量范围为 -46～1 093 ℃，一般设有摄

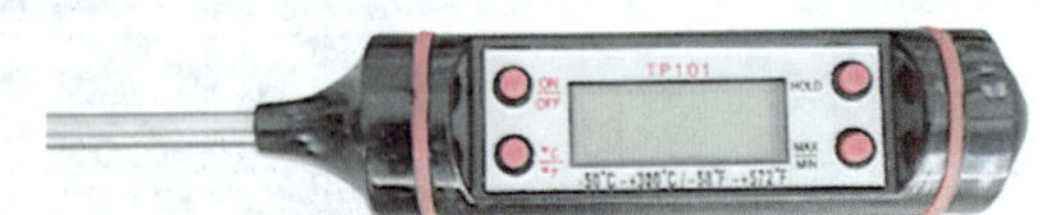

图 2-2-16　电子温度计

氏温标和华氏温标，两者可互换。

5. 电子检漏仪

（1）电子检漏仪的外观与操作面板

目前汽车空调制冷系统检漏最常用的是 HL-100+ 电子检漏仪，其外观和操作面板如图 2-2-17 所示。

1）可通过查看电源指示灯检查电池电量。

2）一旦电源开关开启，电子检漏仪灵敏度设定为 4 级。HL-100+ 电子检漏仪的灵敏度分为 7 个等级，等级越高，灵敏度越高，LED 指示灯亮起的数量越多。可通过按下灵敏度选择键调节灵敏度。在检漏过程中随时可通过灵敏度选择键调节灵敏度，并不影响正在进行的检测。

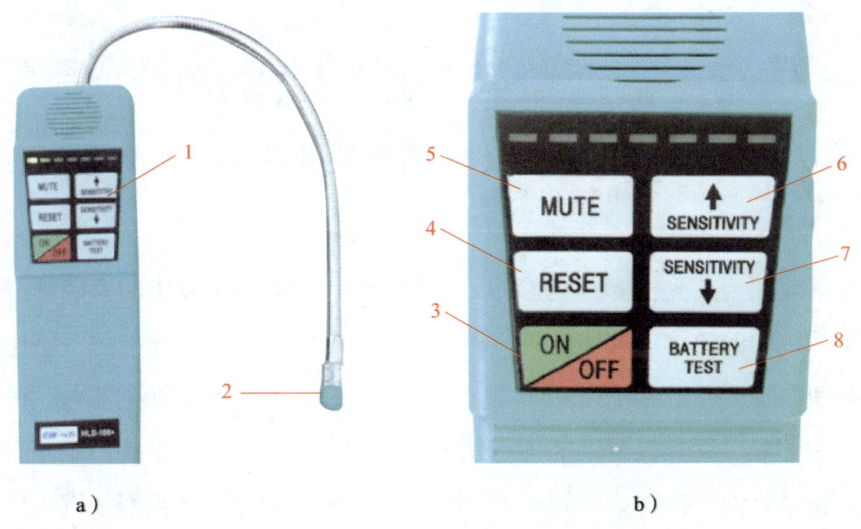

图 2-2-17　HL-100+ 电子检漏仪的外观和操作面板

a）外观　b）操作面板

1—操作面板　2—探头　3—电源开关键　4—重设键　5—静音键　6—调高灵敏度选择键　7—调低灵敏度选择键　8—电池电量测试键

3）在寻找泄漏源时，若检测到制冷剂泄漏，检漏仪会发出报警声，明显区别于刚开始的“嘀嗒”声。LED 灯也会根据检漏情况，以一定的频率闪亮红灯。

4）如果在检漏仪接触泄漏位置前就发出报警声，需按下重设键进行复位，直到无报警声发出再进行检测。

5）按下静音键可关闭报警声。再次按下静音键，可开启报警声。

6）按下电池电量测试键，可以查看电池电量。

（2）HL-100+ 电子检漏仪的内部结构与工作原理

HL-100+ 电子检漏仪的内部结构如图 2-2-18 所示。其利用检漏仪的电晕式冷媒传感器探测泄漏气体中的冷媒含量（对冷媒中的氯元素和氟元素进行感应），若冷媒含量超标，HL-100+ 电子检漏仪就会发出报警声，同时指示灯会变为红色不断闪烁，可有效地检测出制冷剂的泄漏部位。

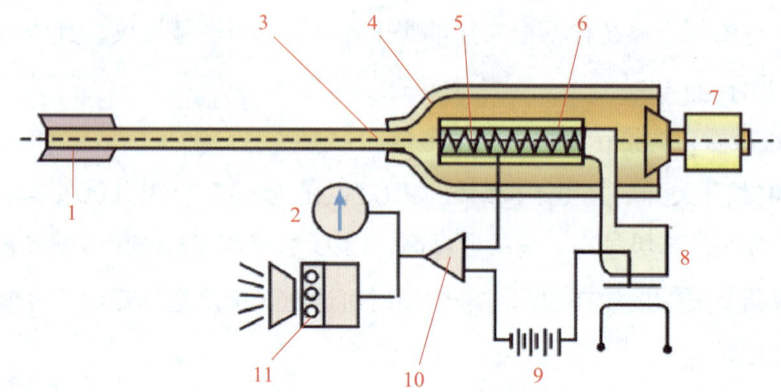

图 2-2-18　HL-100+ 电子检漏仪的内部结构

1—吸嘴　2—电流计　3—电热器　4—外壳　5—阴极　6—阳极　7—风扇　8—变压器　9—阳极电源　10—放大器　11—音程振荡器

HL-100+ 电子检漏仪使用前测试及具体操作方法将在课题四中具体介绍。

6. 荧光检漏仪

荧光检漏仪利用荧光检漏剂在紫外 / 蓝光检漏灯照射下会发出明亮的黄绿色光的原理，对各类系统中的流体渗漏情况进行检测。使用时，只需将荧光剂按一定比例加入到系统中，并使系统运行 10 ~ 15 min。戴上专用滤光镜，用检漏灯照射系统的外部，泄漏处将呈黄绿色荧光。荧光检漏仪的优点是定位准确，渗漏点可以直接用眼睛看到，而且使用简单，携带方便，检测成本较低，且具有预防泄漏的作用，代表了汽车检漏的发展方向。图 2-2-19 所示为罗宾耐尔荧光检漏仪。其使用方法将在课题四中详细介绍。

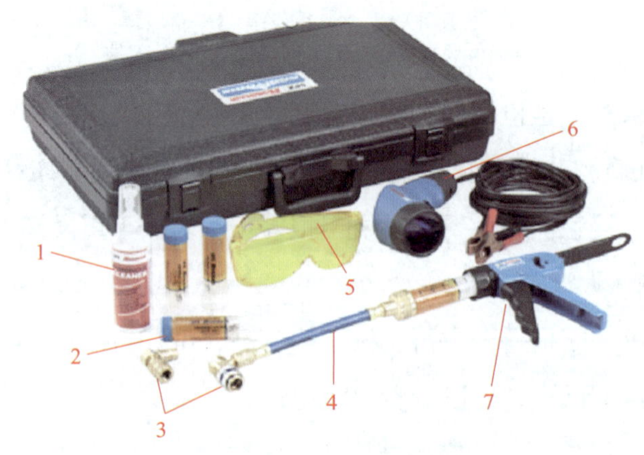

图 2-2-19　罗宾耐尔荧光检漏仪

1—清洗剂　2—荧光剂瓶　3—低压阀接头　4—注射管　5—滤光镜　6—检漏灯　7—注射枪

7. 制冷剂回收加注机

制冷剂回收加注机兼有制冷剂回收、抽真空、加注冷冻机油和加注制冷剂等功能。CHS-A380 制冷剂回收加注机的组成和操作面板如图 2-2-20 所示，其使用方法将在课题四、课题五中详细介绍。

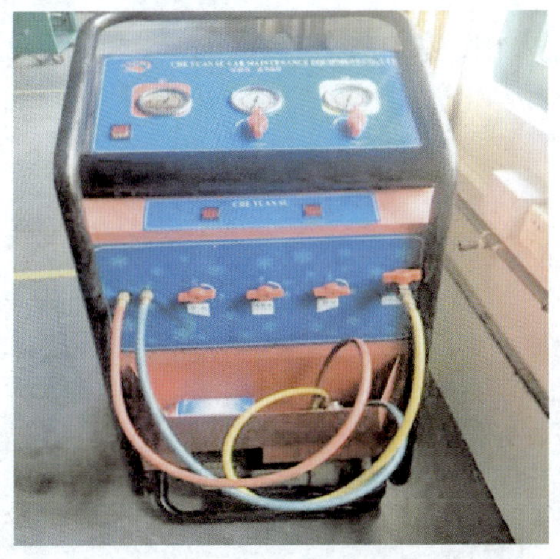

a）

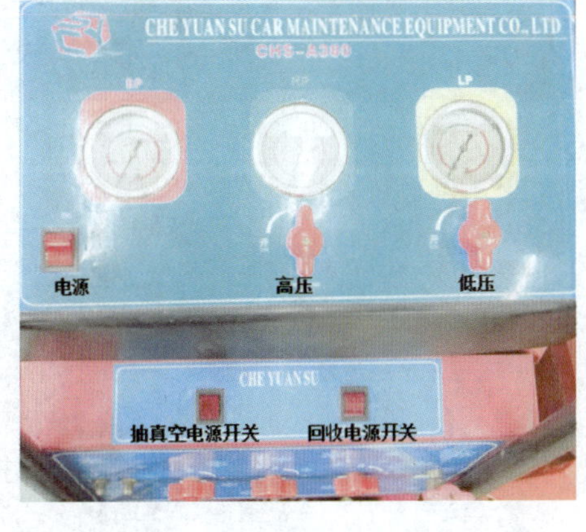

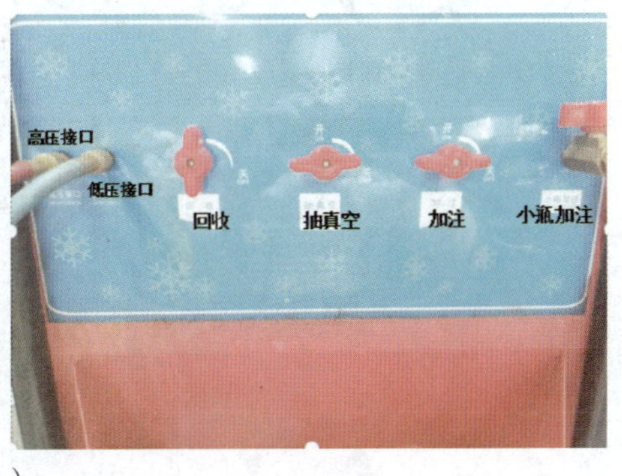

b）

图 2-2-20　CHS-A380 制冷剂回收加注机的组成和操作面板

a）组成　b）操作面板

8. 制冷剂分析仪

（1）制冷剂分析仪的功能

这里以罗宾耐尔（16910）制冷剂分析仪为例，介绍制冷剂分析仪的功能。

1）对制冷剂类型进行鉴别和纯度检测，避免使用劣质制冷剂而损坏空调系统。

2）准确显示系统中各种制冷剂和空气的含量。

3）检测制冷剂中含有的空气或其他不可冷凝的气体，并直接清除。

（2）制冷剂分析仪的使用

图 2-2-21 所示为罗宾耐尔（16910）制冷剂分析仪，其操作步骤如下：

1）开机、预热。连接电源后自动开机、预热时间约为 2 min，在预热过程中，按住 A、B 键直到显示屏出现“USAGE ELEVATION，400FEET”（出厂设置，海拔 400 英尺，相当于 122 m）。

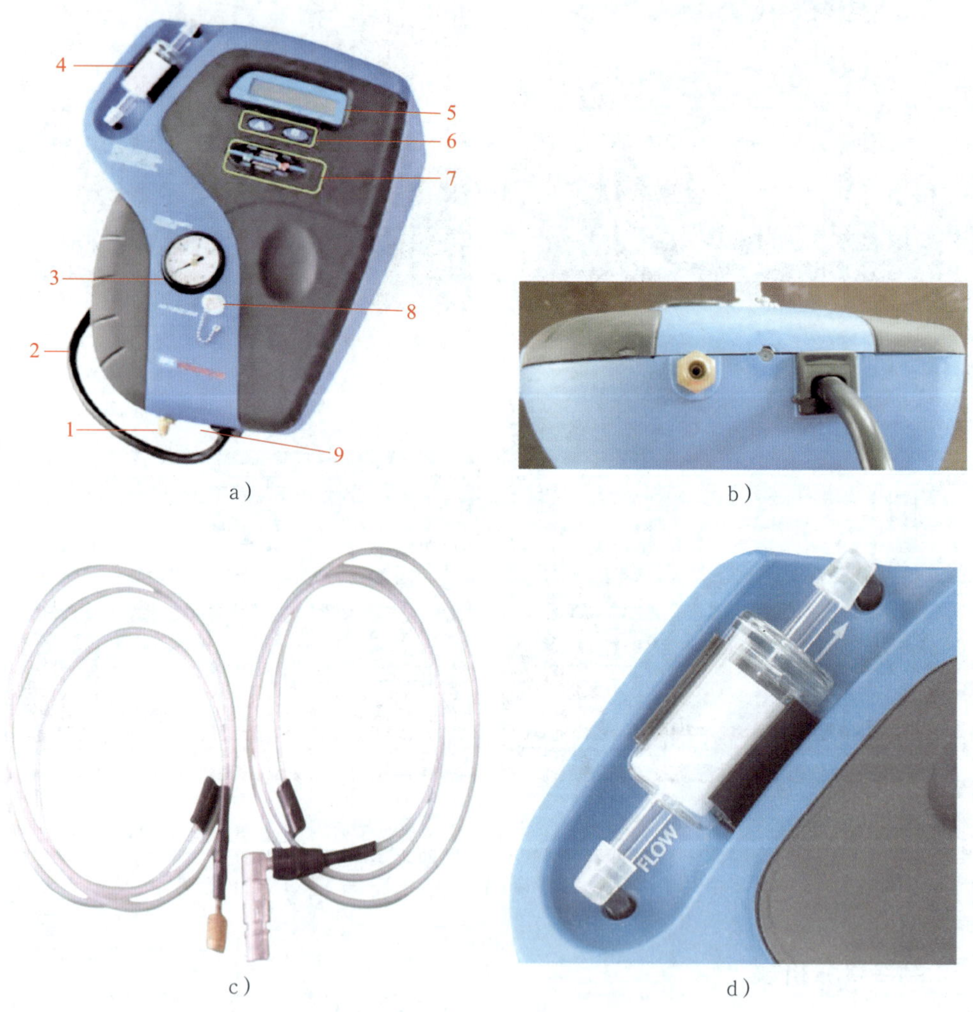

图 2-2-21　罗宾耐尔（16910）制冷剂分析仪

a）罗宾耐尔（16910）制冷剂分析仪　b）采样入口（左）和采样出口（右）
c）采样管 R12（左）和 R134a（右）　d）过滤器
1—样品入口　2—电源线　3—压力表　4—过滤器　5—显示屏　6—A、B 键　7—指示灯
8—进空气口　9—样品出口

2）使用 A 键和 B 键调节海拔高度，每按一次 A 键，升高 100 英尺，每按一次 B 键，降低 100 英尺；如果不进行海拔高度设定，将自动跳转到系统标定环节。

3）系统标定。预热完成后，系统标定自动进行，时间为 1 min，系统标定用于对仪器内部的测量元件进行归零，同时排出残余的制冷剂。在系统标定过程中，仪器内部的气泵运转，发出声音。

4）连接管路、调节压力。在制冷系统的低压接头上安装低压快速接头，注意调节压力为 5～25 psi（磅力 / 平方英寸），相当于 34～172 kPa。

5）样品检验。按 A 键制冷剂样品立即流向仪器检查样品出口处（即制冷系统的低压接头），检验时间为 1 min。检验过程中应确保制冷剂为气态，不允许有液态制冷剂或油流出。

6）结果显示。检验过程完成后，制冷剂分析仪自动显示结果。

7）检验完成后按 B 键退出，结束检验。

（3）显示结果说明

1）PASS。表示制冷剂纯度达到 98% 或更高，通过检验，可以回收。

2）FAIL。表示制冷剂是 R12 制冷剂或 R134a 制冷剂的混合物，任一种制冷剂的纯度都达不到 98%，杂质太多。

3）FAIL CONTAMINATED。表示未知制冷剂，如 R22 制冷剂或碳氢化合物含量在 4%（含）以上，不能显示制冷剂的含量。

4）NO REFRIGERANT-CHK HOSE CONN。表示空气含量在 90%（含）以上，系统可能没有制冷剂。

汽车空调制冷剂的鉴别

注意：制冷剂分析仪不能有红点出现，若出现红点，说明制冷剂已被污染，必须更换。制冷剂分析仪将根据制冷剂情况，自动提示是否应进行制冷剂净化。净化排放口会在制冷剂净化过程中排放制冷剂和空气的混合物。净化排放口设有一个防护帽，必须与净化排放软管一起更换。为避免制冷剂过度流失，在制冷剂的分析鉴别过程中，防护帽必须始终装在净化排放口上。净化排放口应洁净，无堵塞。

9. 制冷管加工工具

制冷管加工工具包括割管器、弯管器、胀管器、铰刀等，如图 2-2-22 所示。因使用频率较低，其具体使用方法不再赘述。

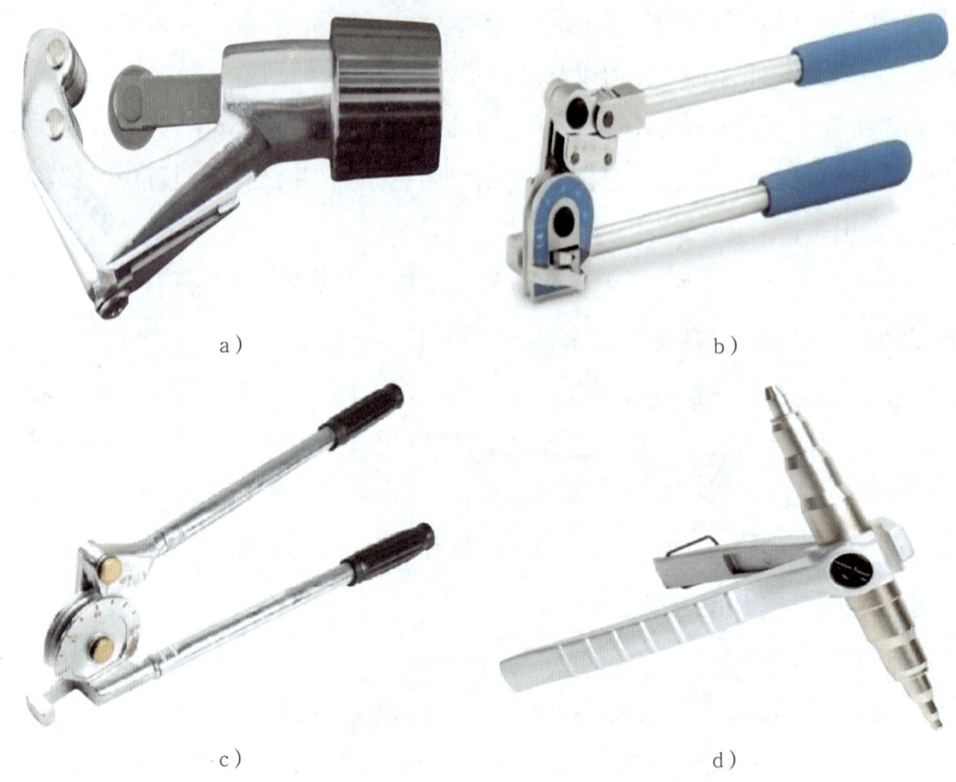

图 2-2-22 制冷管加工工具

a）割管器 b）弯管器 c）胀管器 d）铰刀

思考与练习

1. 扳手类工具的使用注意事项是什么？
2. 简述力矩扳手的使用方法。
3. 如何用万用表测量汽车动力蓄电池电压？
4. 歧管压力表组是如何连接车辆空调系统的？
5. 制冷剂加注阀的作用是什么？应如何使用？
6. 简述电子检漏仪的使用方法。

课题小结

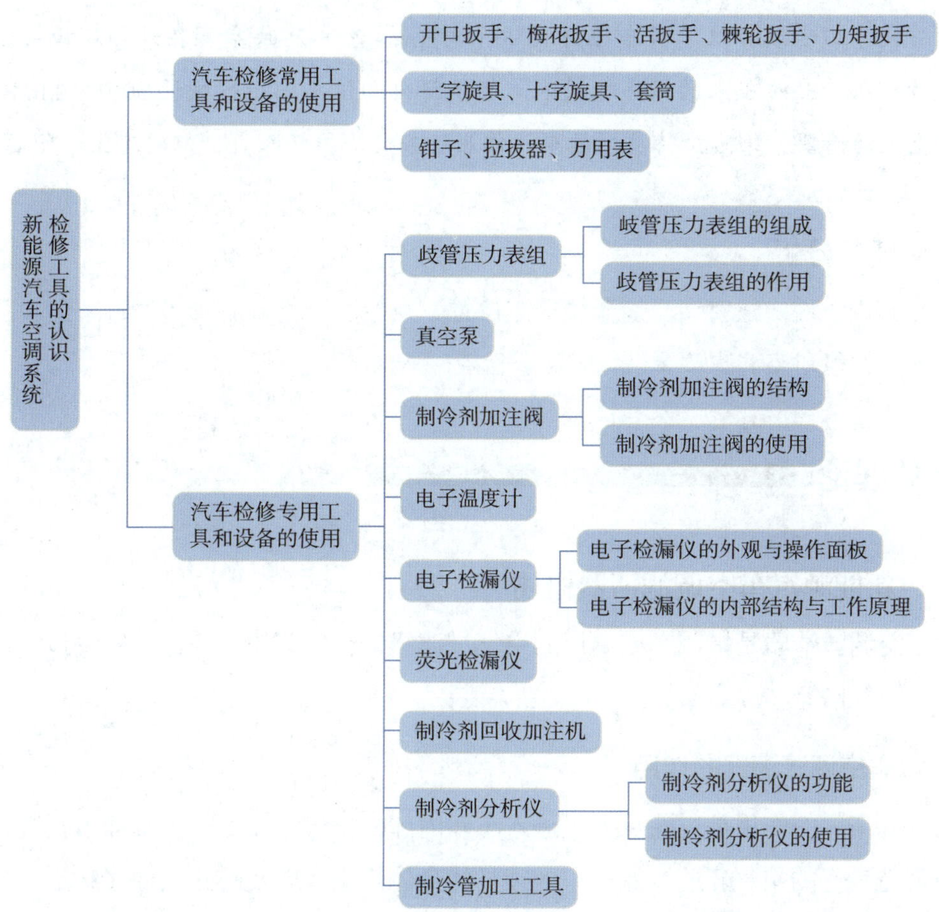

课题三 | 新能源汽车空调滤清器的检查与更换

学习目标

1. 了解新能源汽车空调滤清器的作用、类型及安装位置。
2. 了解新能源汽车空调滤清器对空调系统的影响。
3. 熟悉新能源汽车空调滤清器的拆装、检查及更换。

任务描述

一辆丰田卡罗拉双擎轿车已行驶 90 000 km，客户反映空调在外循环模式运行时风量较小，且吹出来的风异味较浓。经了解得知该车已经行驶近 30 000 km 没更换过空调滤清器，维修接待员把该车的作业任务交给维修人员，以解决上述问题。

任务分析

维修人员应知道空调滤清器的安装位置、类型以及空调滤清器对汽车空调系统的影响，并能对空调滤清器进行拆卸、检查、清洁或更换。

相关理论

一、新能源汽车空调滤清器概述

汽车空调滤清器是指汽车空调用的空气过滤器，也称花粉滤清器、空调过滤器、空调滤芯、冷气格等。

1. 汽车空调滤清器的作用

空调滤清器的作用是过滤从外界进入车厢内部的空气，使空气的洁净度提高，给车内乘员创造良好的空气环境，保护车内乘员的身体健康，以及防止大块杂物进入损坏空调系统。

2. 汽车空调滤清器的类型

空调滤清器分为普通型空调滤清器和活性炭系列空调滤清器两大类。

（1）普通型空调滤清器

图 2-3-1 所示为普通型空调滤清器，一般由特定的环保过滤材料经过加工折叠后做成，多为白色单层。普通型空调滤清器只能起到抑制灰尘和颗粒物进入的作用。

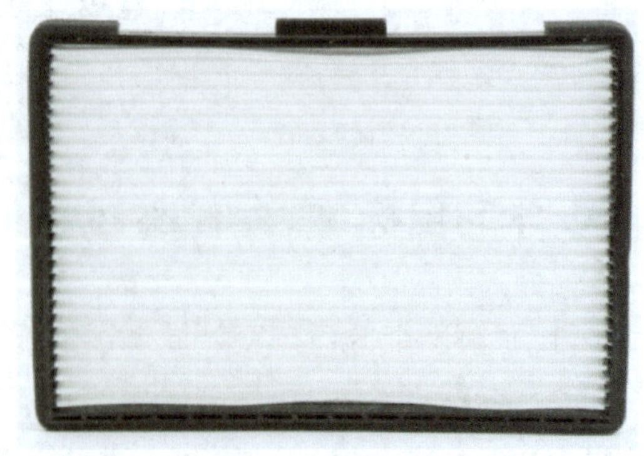

图 2-3-1 普通型空调滤清器

（2）活性炭系列空调滤清器

图 2-3-2 所示为活性炭系列空调滤清器，是由两面非制造布（无纺布）复合、中间夹有微小的颗粒活性炭做成的活性炭滤布，

再深加工制作成空调滤清器。活性炭系列空调滤清器能利用颗粒活性炭本身的物理性能，吸附空气中其他微小颗粒和更多有害物质，其过滤效果要比普通型空调滤清器好得多。

图 2-3-2　活性炭系列空调滤清器

汽车空调滤清器的更换周期一般为汽车行驶 20 000～30 000 km 一次或两年一次，也可根据行车的外界环境来定，如果环境干湿度对比大，常年气候干燥，风沙大，应提前更换。

二、汽车空调滤清器对空调系统的影响

空调滤清器对空调系统有以下影响。

1. 若汽车空调系统没有装空调滤清器，则空调系统处于外循环模式运行时，车外空气中的杂质、有害颗粒将直接进入汽车空调内，影响车内的空气质量，甚至会损坏空调系统。

2. 若已长时间未更换空调滤清器，将使空调系统的出风量不够大，制冷或制热效果下降。尤其是长时间潮湿天气时，因空调滤清器吸附大量有异味物质或内部发霉，将会使空调系统吹出的空气有异味。

三、汽车空调滤清器的检查、清洁与更换

1. 汽车空调滤清器的拆卸

汽车空调滤清器一般安装在副驾驶位仪表台储物箱后面，也有少数车型，如大众的捷达、宝来等车型的空调滤清器安装在副驾驶位前风窗玻璃外侧。拆卸空调滤清器的步骤如下：

（1）如图 2-3-3 所示，拆下副驾驶位仪表台储物箱。

（2）拆下空调滤清器盖板，取出空调滤清器，如图 2-3-4 所示。

图 2-3-3　拆下储物箱

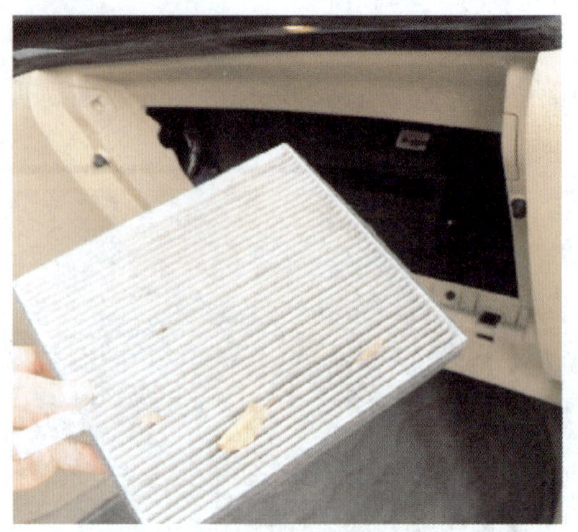

图 2-3-4　取出空调滤清器

2. 汽车空调滤清器的检查

（1）检查空调滤清器是否已经严重破损，若是应更换空调滤清器。

（2）检查空调滤清器有无发霉、异味严重、严重脏污等情况，若是应更换空调滤清器。

（3）比较拆下空调滤清器前后空调出风口出风量的差别，若相差较大，则说明空调滤清器明显堵塞，若经清洁后仍无效则应更换空调滤清器。图 2-3-5 所示为根据换下来的空气滤清器情况，目视检查判断空调滤清器是否需更换。

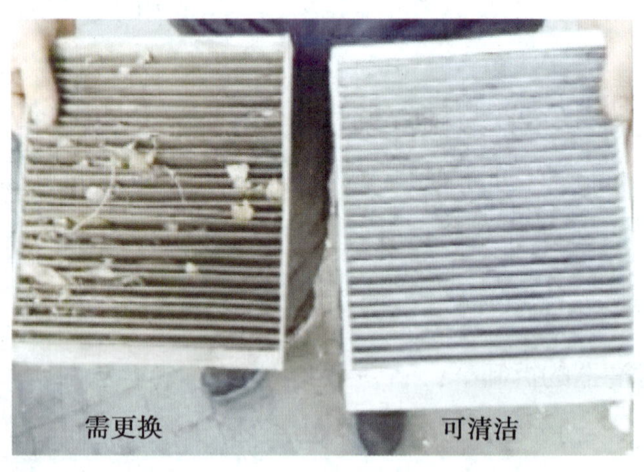

图 2-3-5　判断空调滤清器是否需要更换

3. 汽车空调滤清器的清洁或更换

经检查，若空调滤清器已经达到需更换标准则直接更换，若没达到更换标准，则清洁后可继续使用。

图 2-3-6 所示为用吹尘枪清洁空调滤清器。清洁空调滤清器的方法如下：将压缩空气自下而上通过空调滤清器来进行清洁，吹尘枪与空调滤清器保持 5 cm 的距离，压缩空气以 500 kPa 压力为宜。

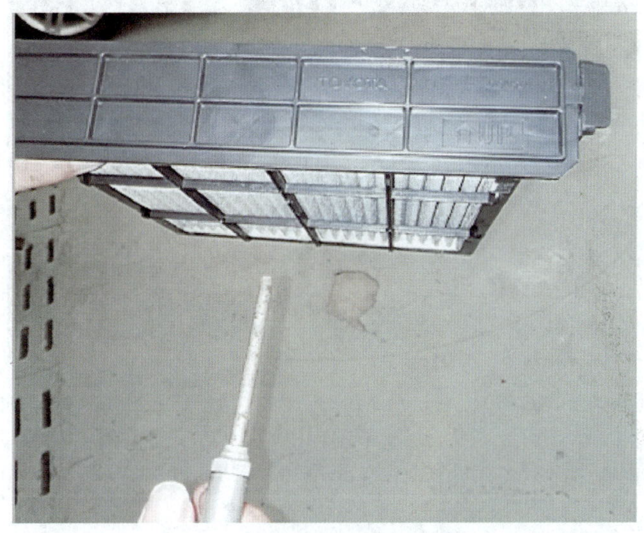

图 2-3-6　用吹尘枪清洁空调滤清器

4. 汽车空调滤清器的安装

（1）将清洁干净或新的空调滤清器装入鼓风机上方的空调滤清器座内，如图 2-3-7 所示。注意：安装空调滤清器时，空调滤清器侧面的箭头方向应朝下，否则将影响外循环模式时的进风速度，使出风量明显减少。

图 2-3-7　将空调滤清器装入空调滤清器座内

（2）安装空调滤清器盖板，如图 2-3-8 所示。注意安装一定要牢固，否则运行空调系统时将会产生异响。

图 2-3-8　安装空调滤清器盖板

（3）安装副驾驶位储物箱，如图 2-3-9 所示。

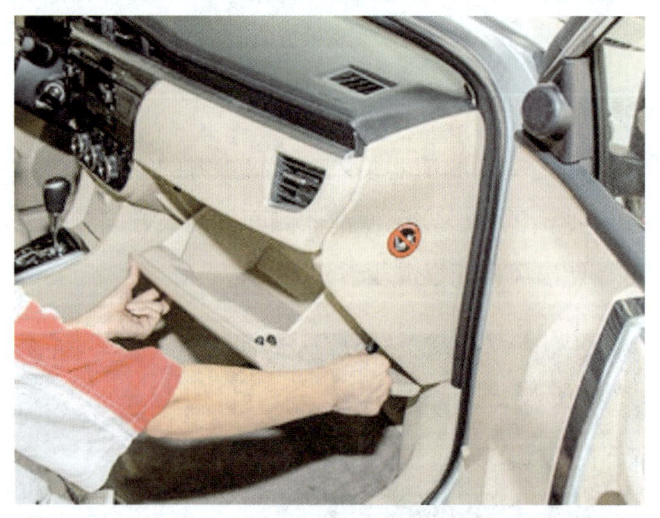

图 2-3-9　安装副驾驶位储物箱

汽车空调滤清器的检查、清洁与更换

思考与练习

1. 汽车空调滤清器有哪些类型？
2. 汽车空调滤清器对汽车空调系统有哪些影响？
3. 汽车空调滤清器在什么情况下需要更换？
4. 简述汽车空调滤清器的更换步骤。

课题小结

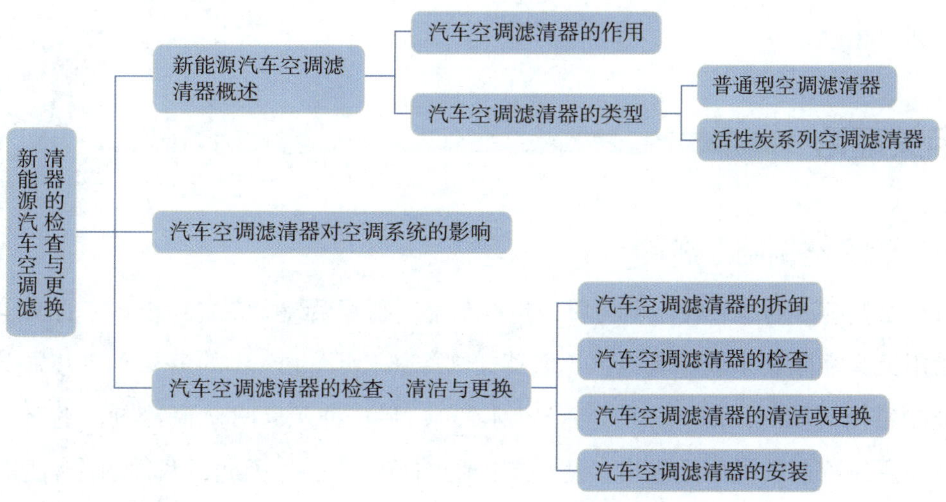

课题四 | 新能源汽车空调的检漏与抽真空

学习目标

1. 了解汽车空调制冷系统所使用制冷剂的类型、特性和使用注意事项。
2. 熟悉汽车空调制冷系统检漏和抽真空的方法、操作流程以及注意事项。
3. 掌握用检漏仪器对汽车空调制冷系统进行检漏作业的方法。
4. 掌握用抽真空设备对汽车空调系统进行抽真空作业的方法。

任务描述

一辆丰田卡罗拉双擎轿车已行驶80 000 km，客户反映空调制冷系统运行时制冷效果差，维修接待员将该车的作业任务交给维修人员，以解决该车空调制冷系统制冷效果差的问题。

任务分析

本任务要求维修人员了解制冷剂的基础知识，能对制冷系统制冷剂量进行初步检测并确认制冷剂是否已经明显泄漏；掌握汽车空调制冷系统检漏和抽真空的方法，能使用检漏仪器对制冷系统进行检漏，能使用抽真空设备对制冷系统进行抽真空作业。

相关理论

一、汽车空调制冷剂

汽车空调制冷剂是一种化学物质，是汽车空调制冷系统中完成制冷循环的工作介质，国际上用英文字母 R 来表示制冷剂（取英文制冷剂 Refrigerant 的第一个字母）。现代汽车空调中常用两种制冷剂，一种是 R12 制冷剂，另一种是 R134a 制冷剂。图 2-4-1 所示为汽车用制冷剂的类型及规格。两种制冷剂的特性不同，因此，两种制冷剂是不能换用或混用的。

a）　　b）

c）　　d）

图 2-4-1　汽车用制冷剂的类型及规格

a）300 g 小瓶装 R12 制冷剂　b）13.6 kg 大瓶装 R12 制冷剂

c）300 g 小瓶装 R134a 制冷剂　d）13.6 kg 大瓶装 R134a 制冷剂

1. R12 制冷剂的特性

R12 制冷剂即二氯二氟甲烷，俗称氟利昂 -12，分子式为 CCl_2F_2。R12 制冷剂无色、

无刺激性臭味，一般情况下不具有毒性，对人体没有直接危害；不燃烧、无爆炸危险、热稳定性好，但当与明火接触或温度高于 400 ℃时可产生对人体有剧烈作用的毒气——光气（一种窒息性毒剂，在常温下为无色气体，经呼吸器官侵入人体后，会引起肺水肿和窒息）；在一个标准大气压下，R12 制冷剂的沸点为 -29.8 ℃，凝固点为 -158 ℃，能在低温条件下正常工作。R12 制冷剂一般呈中性（无水时），对金属没有腐蚀作用，但对镁含量超过 2% 以上的铝合金除外。在温度为 60~70 ℃时，R12 制冷剂遇氧化铁、氧化铜可发生分解反应。R12 制冷剂液态时可以以任何比例与压缩机润滑油互溶。其价格较便宜（一般每瓶 10~12 元，300 g 装），但会对大气臭氧层产生破坏作用，不是环保型制冷剂。

2. R134a 制冷剂的特性

R134a 作为使用最广泛的中低温环保型制冷剂，由于具有良好的综合性能，完全不破坏臭氧层，是当今世界绝大多数国家认可并推荐使用的环保型制冷剂，也是目前主流的环保型汽车空调用制冷剂，汽车空调普遍使用 R134a 制冷剂。

（1）R134a 制冷剂的物理特性

R134a 制冷剂无色、无味、无毒、不易燃，一般情况下对金属或橡胶无腐蚀作用，但与压缩机润滑油混合后能腐蚀钢，其吸湿性强；在一个标准大气压下 R134a 制冷剂的沸点为 -26.5 ℃，凝固点为 -101 ℃，能在低温条件下正常工作。R134a 制冷剂液态时可以以任何比例与压缩机润滑油互溶，其价格昂贵（一般每瓶 40 元，300 g 装）。

（2）R134a 制冷剂的质量特性（见表 2-4-1）

表 2-4-1 R134a 制冷剂的质量特性

项目		优等品	一级品
纯度（质量分数）/%	不小于	99.95	99.90
酸度（以 HCl 计）（质量分数）/%	不大于	0.1×10^{-6}	1×10^{-6}
水分（质量分数）/%	不大于	5×10^{-6}	10×10^{-6}
蒸发残留物（体积分数）/%	不大于	100×10^{-6}	100×10^{-6}
不凝气体（体积分数）/%	不大于	1.5	1.5
氯化物含量		合格	合格
外观		无色透明液体	无色透明液体

3. 使用制冷剂的注意事项

（1）首先应确认汽车空调系统采用哪种制冷剂。

（2）制冷剂易挥发，在保管时应避开日光直射、火炉及其他热源，添加制冷剂应在阴凉处进行。

（3）制冷剂在一个标准大气压下会急剧蒸发制冷，与皮肤接触会冻伤皮肤，添加时要避免其与身体接触，尤其是避免制冷剂喷到眼睛里。

（4）尽管 R12 制冷剂无毒或低毒，但与火焰接触时会产生毒气，应尽量避免。

（5）制冷剂加注、回收、排放等操作应在通风条件良好的场所进行。

（6）R134a 制冷剂的干燥剂应选用 XH-7 分子筛。

（7）R134a 制冷剂与 R12 制冷剂不能混用。

（8）两种制冷剂系统中的密封件、橡胶软管、检测仪表和加注工具等不能混用。

二、制冷剂的泄漏检查

下面以对丰田卡罗拉混合动力电动汽车为例进行介绍。

1. 通过观察储液干燥器视液镜，确定制冷剂是否泄漏

图 2-4-2 所示为储液干燥器视液镜的位置。

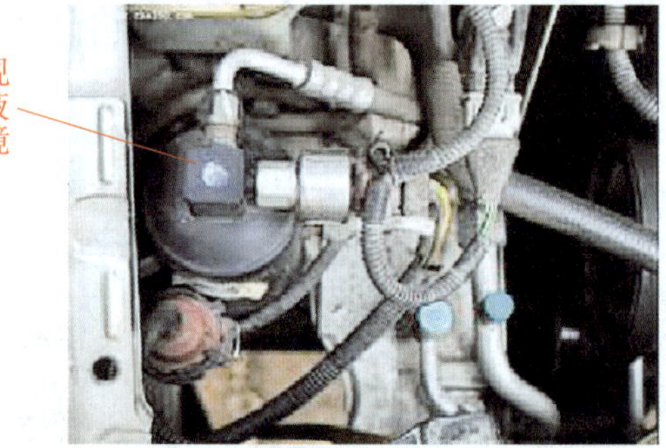

图 2-4-2 储液干燥器视液镜的位置

（1）启动汽车发动机，以 2 000 r/min 的转速运行 5 min，预热至正常工作温度。

（2）开启空调系统的鼓风机，按下 A/C 开关使空调压缩机工作，将空调进风模式选定为外循环模式，将鼓风机调速开关调至最高速位置，将调温旋钮调至温度最低位置，打开汽车所有车窗，使制冷系统处于最大制冷负荷状态。

（3）将发动机以 1 500 r/min 的转速运行 2 min，待空调出风口持续稳定地送出冷气后，打开发动机室罩盖，擦净储液干燥器视液镜（有的车型的储液干燥器视液镜在制冷循环管路上），观察窗口内液体情况。可能会有如图 2-4-3 所示的几种情况，可根据实际情况判断制冷剂量的多少。

1）液体不透明，没有气泡生成，能看见雾状气体，表明制冷剂量过多或完全没有制冷剂。若完全没有制冷剂，出风口不会有冷风，如图 2-4-3a 所示。

2）液体几乎透明，有少量气泡生成，但随着发动机转速升高，气泡逐渐消失，属于

制冷剂量正常情况，如图 2-4-3b 所示。

3）液体不太透明，有大量气泡生成且在流动，表明系统中制冷剂量不足，即制冷剂有泄漏，如图 2-4-3c 所示。

4）若视液镜变得混浊，表明干燥剂脱落或系统中有水分。

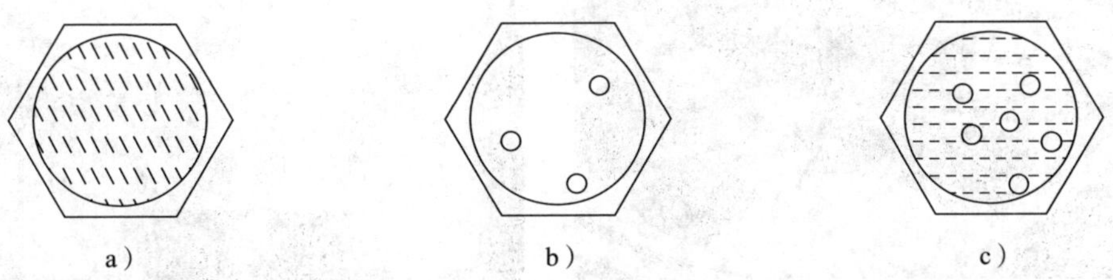

图 2-4-3　通过储液干燥器视液镜观察制冷剂的几种情况

a）制冷剂量过多或完全没有制冷剂　b）制冷剂量正常　c）制冷剂量不足

2. 通过检测制冷系统高低压侧压力值，判断制冷剂是否泄漏

利用歧管压力表组检测制冷系统运行时高低压侧的压力值，来判断制冷剂是否泄漏：静态压力值一般为 0.7～0.8 MPa。发动机转速在 2 000 r/min 左右，空调制冷系统处于全负荷运行时，高低压侧压力值分别为 1.5～2.0 MPa、0.15～0.25 MPa，具体以维修手册为准，若静态压力值和运行压力值均低于标准值，则表明制冷剂有泄漏。

（1）将歧管压力表组的高低压软管连接到表座上，将制冷系统的维修手阀连接到高低压软管上，并通过制冷系统的高低压维修手阀，将歧管压力表组高低压软管与制冷系统高低压侧检修阀连接。注意：连接表组前要校表，并将表座上的高低压手动阀关闭。安装制冷系统的维修手阀前，要将其阀针逆时针拧到底，避免顶坏制冷系统高低压侧检修阀，如图 2-4-4a 所示。

（2）将制冷系统的维修手阀顺时针拧至歧管压力表组的压力表有压力显示，读取并记录歧管压力表组高低压压力表的指示值（静态压力值），如图 2-4-4b 所示。

（3）启动发动机并热车至正常工作温度，开启空调系统的鼓风机，按下 A/C 开关使空调压缩机工作，将空调进风模式选定为外循环模式，将鼓风机调速开关调至最高速位置，调温旋钮调至温度最低位置，打开所有车窗，使制冷系统处于最大制冷负荷状态运行 5 min 后，将发动机以转速 1 500 r/min 运转 1～2 min，读取并记录歧管压力表组高低压压力表的读数，如图 2-4-4b 所示。

（4）将记录的静态压力值和运行压力值与标准值做比较，若压力值低于标准值，则说明制冷剂有泄漏。

a）

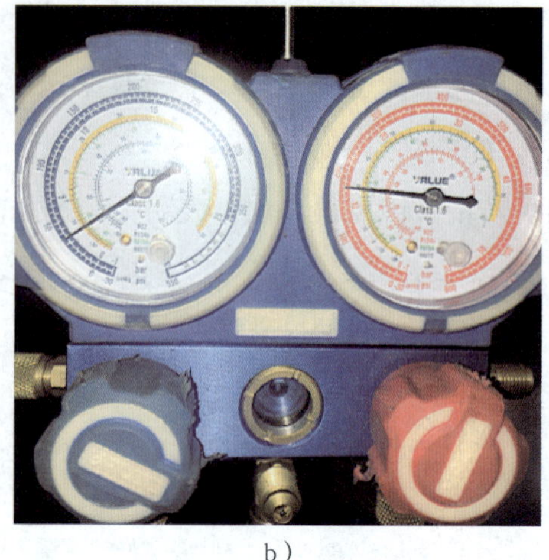
b）

图 2-4-4　检测制冷系统高低压管路的压力值

a）歧管压力表组的安装　b）测量并读取制冷系统高低压管路的压力值

三、汽车空调制冷系统的检漏

1. 汽车空调制冷系统常见泄漏部位

汽车空调制冷系统常见泄漏部位见表 2-4-2。

表 2-4-2　汽车空调制冷系统常见泄漏部位

部件	常见泄漏部位	部件	常见泄漏部位
冷凝器	冷凝器进气管和出液管的连接处 冷凝器盘管	制冷剂管道	高低压软管 高低压软管各接头处
蒸发器	蒸发器进气口和出气口的连接处 蒸发器盘管 膨胀阀	压缩机	压缩机轴封 压缩机吸排气阀处 前后盖密封处 与制冷剂管道接头处
储液干燥器	易熔塞 管道连接头喇叭口处		

图 2-4-5 所示为汽车空调制冷系统常见泄漏点。

2. 制冷剂部分泄漏的检漏方法

制冷剂部分泄漏是指汽车空调制冷系统中还保持有一定的制冷剂压力值，但制冷剂量已经明显少于标准制冷剂量，一般表现为制冷系统还能工作但制冷不足，属于部分泄漏的情况。因制冷剂的渗透能力很强，部分泄漏也要进行检漏并修复，否则即使补充了制冷剂，过一段时间又会出现制冷不足的情况。针对此种情况，常用的检漏方法有目视检漏法、肥皂水检漏法和电子检漏仪检漏法。

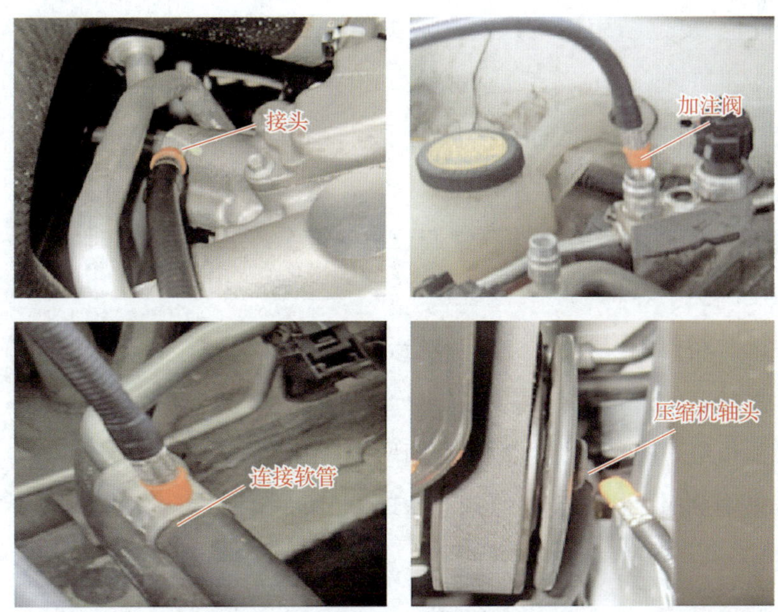

图 2-4-5 汽车空调制冷系统常见泄漏点

（1）目视检漏法

因在汽车空调制冷系统中冷冻机油能与制冷剂以任意比例互溶，所以制冷剂泄漏的同时也会将部分冷冻机油带出，所以在有制冷剂泄漏的部位通常都会有油污的痕迹，但极微量的泄漏痕迹就不太明显了。可通过目视或用手直接接触来检查制冷系统各接头是否有冷冻机油泄漏来判断泄漏点。此方法的优点是不需要利用任何仪器，操作方便、快捷；缺点是不容易观察到比较隐蔽的部位或者制冷剂极微量泄漏的部位。目视检查到怀疑泄漏点后，要再用其他方法进行确认。

（2）肥皂水检漏法

如图 2-4-6 所示为肥皂水检漏法。肥皂水检漏法的操作步骤如下：擦净被检漏部件，把肥皂水刷在可能泄漏的部位，若某部位有泄漏，便会出现气泡。此方法的优点是操作方便、快捷；缺点是不容易检查比较隐蔽或空间狭窄的部位。

图 2-4-6 肥皂水检漏法

（3）电子检漏仪检漏法

1）HL-100+ 电子检漏仪的操作步骤

①检查前准备。用目视法先检查一下可能出现的泄漏部位有没有明显的油污或湿尘，初步判断可能的泄漏点，并将其清洁干净。

②开机。长按电源开关键开机，所有的 LED 指示灯持续亮起 3 s，检漏仪部件进

入自动复位阶段。复位结束后应只有左边的第一个LED灯亮起，此时其他LED灯都是不亮的，检漏仪发出有规律的“嘀嗒”声，此时检漏仪处于待检状态，工作正常，如图 2-4-7 所示。

③调节灵敏度。通过灵敏度选择键调节灵敏度，一般先将灵敏度调至中等。

④检测泄漏。将检漏仪的探头指向被检元件，探头与被检元件保持 2～3 mm 的距离，以 1 cm/s 的速度移动。当检漏仪红灯亮起且红灯数量逐渐增加，并伴有报警声频度增高时，说明有制冷剂泄漏现象，如图 2-4-8 所示。

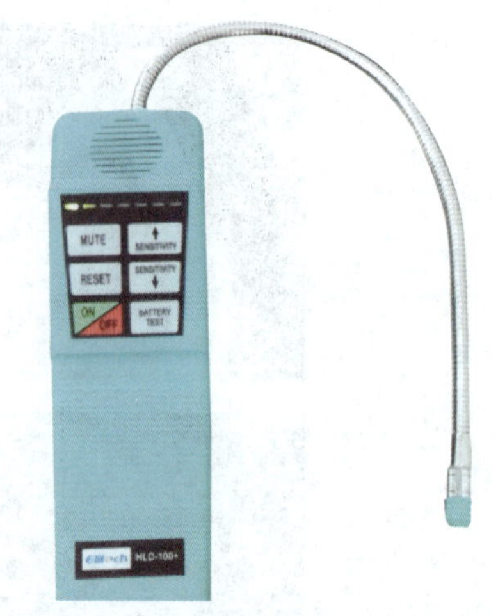

图 2-4-7　将检漏仪设置到待检状态

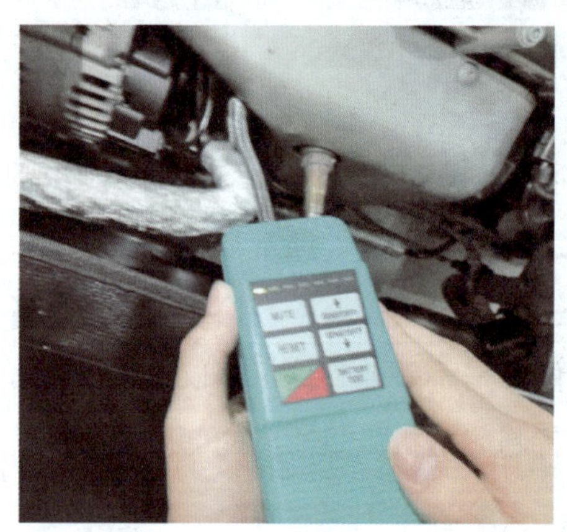

图 2-4-8　使用检漏仪检测到泄漏点

⑤泄漏点确认。当检测到某处疑似泄漏部位时，将检漏仪探头移开，按下重设键进行复位，并可适当将灵敏度调低，再次对疑似泄漏部位进行检测。一般重复步骤③～④来确认是否有泄漏。

汽车空调制冷系统检漏

2）电子检漏仪的使用注意事项

①为了检测制冷系统中的泄漏点，系统本身需要有正常的操作压力，或者至少局部压力为 0.35 MPa。当环境温度低于 15 ℃时，压力就会低于系统需要的最低压力，有可能无法检测到泄漏点。在这种情况下，找不到泄漏点并不意味着没有泄漏。

②泄漏区域通常有冷冻机油或者灰尘等污物，注意检测时不要接触到污物。

③电子检漏仪的功能是检测探头卤素级别的相对变化，要想定位则需要相关专业人员手动调节灵敏度，或按照需要复位，然后按照建议进行检测。

④在受到卤素污染的环境中，使用重设键可以忽略环境背景泄漏量，在对电子检漏

仪进行复位设置时要确保不能离开这种受污染的环境。

⑤有风时，泄漏的卤素制冷剂气体可能会被迅速稀释或从漏源中被吹走。应使用遮风装置在检测时隔绝泄漏区域，或暂时关掉鼓风机。

⑥要避免错误报警，探头要避免接触任何潮湿物品或其他溶剂。

3. 制冷剂完全泄漏的检漏方法

汽车空调制冷系统制冷剂完全泄漏的检漏方法有两种，其一是先对制冷系统抽真空，注入一定压力的氮气，采用肥皂水检漏法进行检漏，也可以抽真空后向制冷系统注入一定压力的制冷剂，采用肥皂水检漏法或者使用电子检漏仪检漏，此法的操作前面已经做了介绍。其二是对制冷系统抽真空后注入适量的荧光剂并加注制冷剂，运行空调系统，采用荧光检漏仪进行检漏。下面将以罗宾耐尔（ROBINAIR）荧光检漏仪为例，介绍使用荧光检漏仪对汽车空调制冷系统进行检漏的方法。

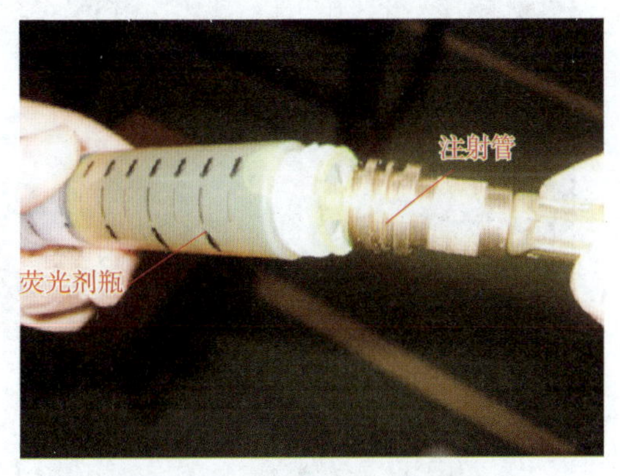

图 2-4-9　荧光剂瓶与注射管的连接

操作步骤如下：

（1）将荧光剂瓶的封口拉开，将荧光剂瓶与注射管连接，顺时针旋转并拧紧，如图 2-4-9 所示。

（2）调整注射枪活塞位置，将荧光剂瓶装在注射枪上，如图 2-4-10 所示。

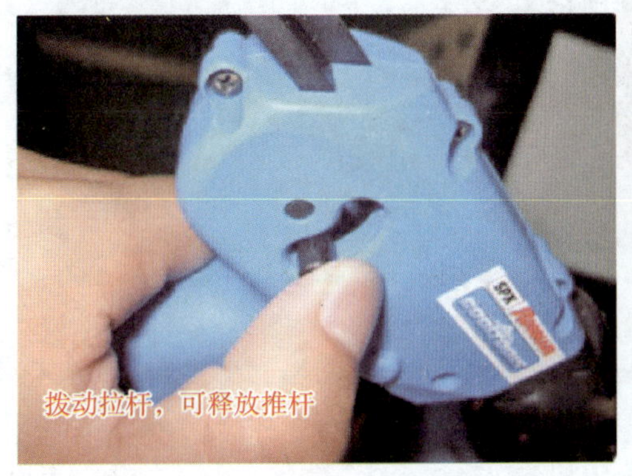

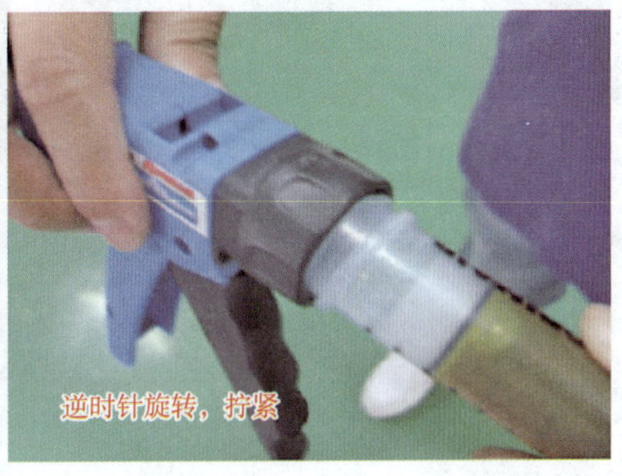

图 2-4-10　荧光剂瓶与注射枪的连接

（3）将注射管连接到制冷系统的低压侧检修阀上，如图 2-4-11 所示，扳动注射枪扣把，向系统注射 1～2 格剂量的荧光剂。因车型大小不同，剂量略有差异。注意：在向制冷系统注射荧光剂前，应确保管路中无压力（即已释放掉制冷剂或已抽真空）。

（4）将注射管的阀门接头从制冷系统低压侧检修阀上拆下。

（5）向制冷系统加注制冷剂，并清洁制冷系统低压侧检修阀处的荧光剂。

（6）启动发动机，打开空调系统，让空调系统压缩机运行 10 min 以上，使荧光剂充分循环。

（7）将射灯的电源夹连接到汽车的蓄电池上。按压射灯开关，使射灯有光射出，如图 2-4-12 所示。

（8）戴上滤光镜，用射灯照射可能泄漏的部位，如图 2-4-13 所示。若发现有黄绿色的痕迹，说明荧光剂渗出，表明此处有漏点。

图 2-4-11　向制冷系统注射荧光剂

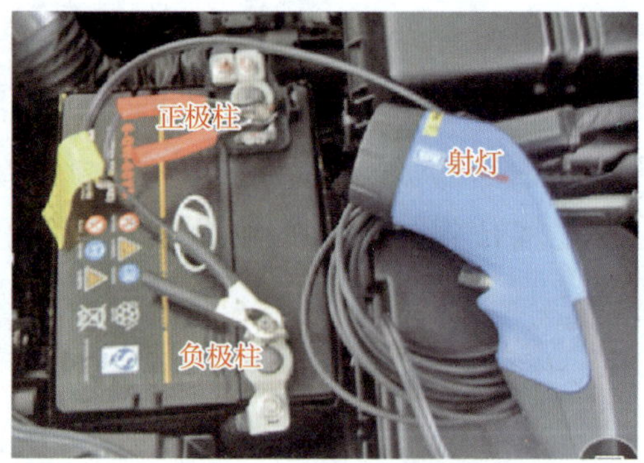

图 2-4-12　射灯的使用方法

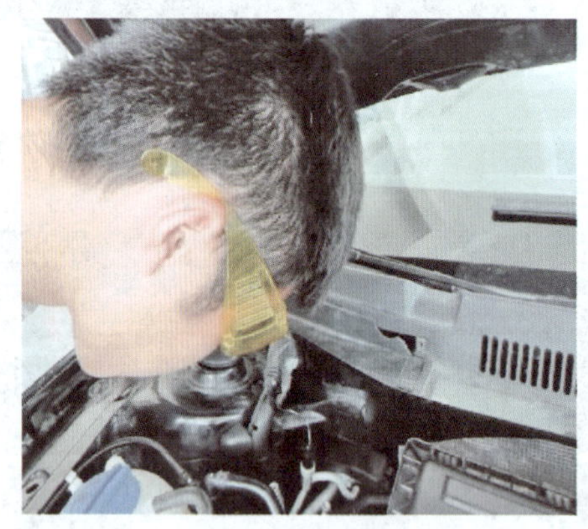

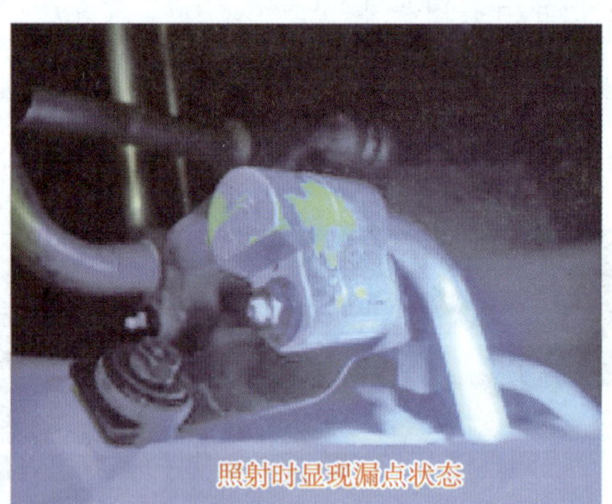

图 2-4-13　用射灯检测泄漏部位

4. 保压检漏

保压检漏是在系统连接件拆下更换或修理部件组装连接后，为满足系统的严格要求，必须进行系统密封性检查，以保证加注的制冷剂不会泄漏的检漏方法。

常见的保压检漏方法有两种，其一是真空检漏法，其二是加压检漏法。保压检漏只能检测制冷系统整体的气密性，具体泄漏部位的检查前面已有详述。

（1）真空检漏法

真空检漏法是对制冷系统抽真空后，通过观察歧管压力表组指针的回升情况来判断系统的整体气密性。

1）将歧管压力表组高低压软管与空调系统高低压检修阀正确连接，将中间软管接到真空泵上，如图 2-4-14 所示。

2）打开歧管压力表组表座上的高低压手动阀，启动真空泵，并观察歧管压力表组低压表上的真空表部分，抽真空至低压表的压力为 75 cmHg 左右，如图 2-4-15 所示。

3）关闭歧管压力表组上的高低压手动阀，关闭真空泵电源开关，保持 30 min 以上，观察低压表上的真空表压力是否回升。如回升则表示空调系统制冷剂泄漏，此时应进行检漏和修补；若压力表指针不动，则说明空调系统制冷剂无泄漏，可再抽真空 15～30 min 后向系统加注制冷剂。

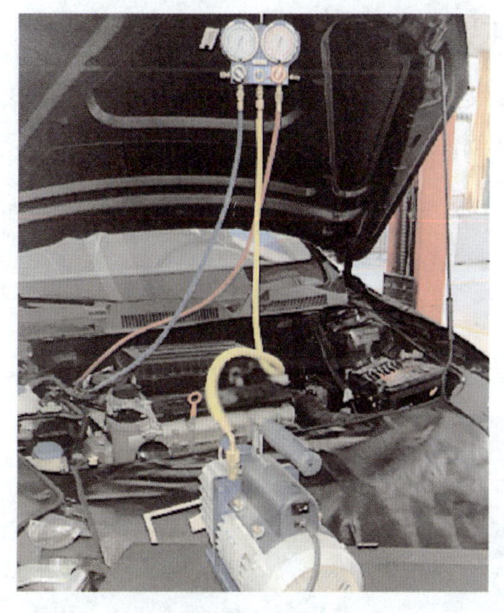

图 2-4-14　抽真空设备的连接方法

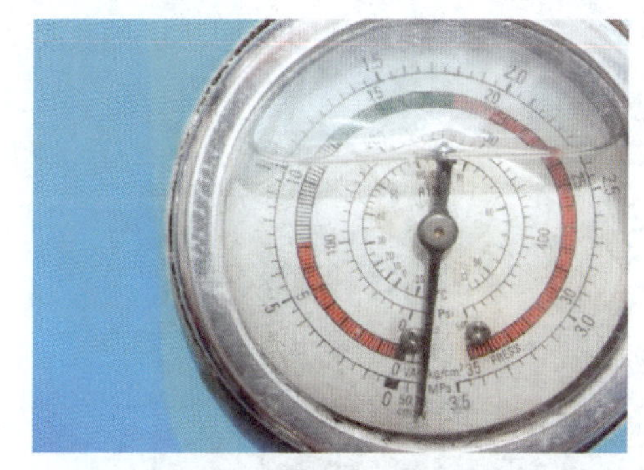

图 2-4-15　压力表读数

4）抽真空完毕后，先关闭歧管压力表组的高低压手动阀，再关闭真空泵。

（2）加压检漏法

加压检漏法是向制冷系统加注一定压力的氮气，一般保持 48 h 后观察系统压力值是否下降的一种检漏方法。若出现压力下降的情况，可以使用肥皂水检漏法检查确切的泄漏部位。

1）正确连接歧管压力表组，在空调系统没有制冷剂的情况下，先把歧管压力表组的高压软管接到空调系统的高压检修阀上，把歧管压力表组的低压软管接到空调系统的低压检修阀上，然后把中间软管接到氮气瓶上。图 2-4-16 所示为加注氮气前歧管压力表组的连接。

2）打开氮气瓶，然后打开歧管压力表组的高低压手动阀，向系统内加注干燥氮气，当其压力为 1.2～1.5 MPa 时，关闭歧管压力表组的高低压手动阀。

3）系统保压 48 h 后，观察歧管压力表组的压力是否下降，若下降可用肥皂水涂抹在容易漏气的管路接头处或焊接处，仔细观察有无气泡产生，如有泄漏则漏气处有气泡涌出，漏气量大的地方有微小响声，并出现大量气泡；漏气量小的地方则间断出现小气泡。

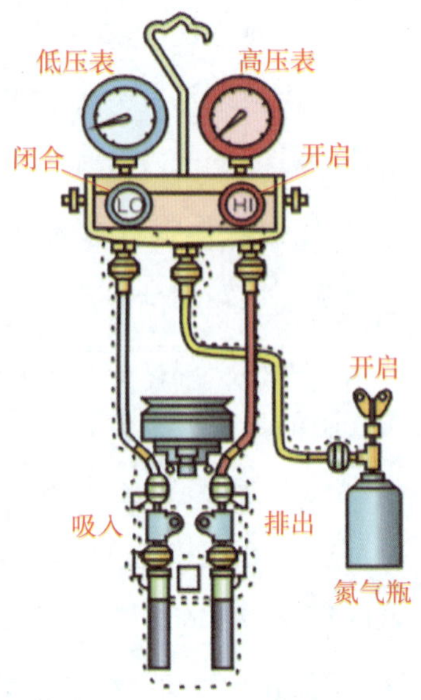

图 2-4-16 加注氮气前歧管压力表组的连接

四、汽车空调制冷系统的抽真空方法

若汽车空调制冷系统管路中有水分，会使系统工作过程中在节流装置（膨胀阀或孔管）处结冰，产生“冰堵”现象而使空调系统制冷效果不良或不制冷，所以在制冷系统维修后、在加注制冷剂之前，必须对系统抽真空 15 min 以上，使系统真空度达到 75 cmHg。抽真空有两种方法：其一是使用真空泵和歧管压力表组抽真空，如图 2-4-17a 所示；其二是使用制冷剂回收加注机抽真空，如图 2-4-17b 所示。下面介绍这两种抽真空方法。

a）

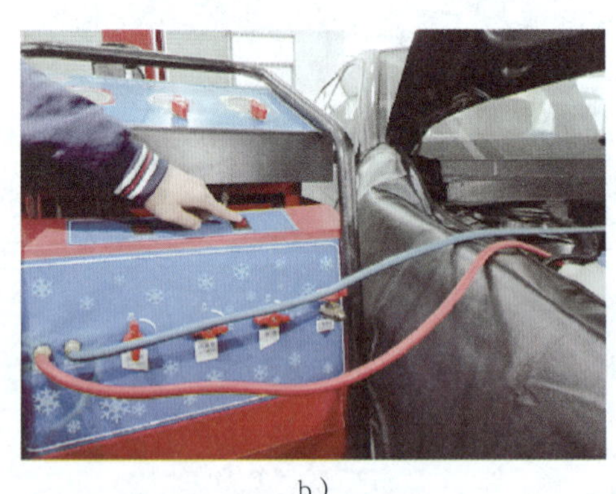
b）

图 2-4-17 对制冷系统抽真空

a）使用真空泵和歧管压力表组抽真空 b）使用制冷剂回收加注机抽真空

1. 使用真空泵和歧管压力表组抽真空

（1）将歧管压力表组的高低压软管连接到表座上，将制冷系统的维修手阀连接到高

低压软管上，并通过制冷系统的高低压维修手阀，将歧管压力表组高低压软管与制冷系统高低压侧检修阀连接。注意：连接表组前要校表，并将表座上的高低压手动阀关闭。安装制冷系统的维修手阀前，要将其阀针逆时针拧到底，避免顶坏制冷系统高低压侧检修阀，如图 2-4-18 所示。

（2）将歧管压力表组的中间软管连接到真空泵上，如图 2-4-19 所示。

图 2-4-18　将歧管压力表组与制冷系统连接

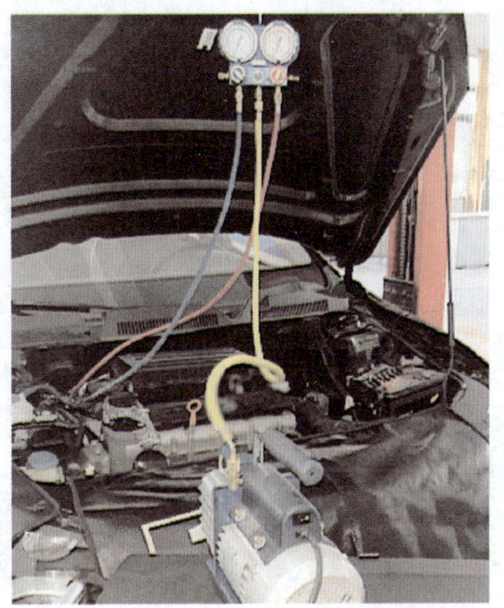

图 2-4-19　连接真空泵

（3）将制冷系统的维修手阀顺时针拧至空调系统与歧管压力表组连通，如图 2-4-20 所示。

（4）开启真空泵，将歧管压力表组阀座上的高低压手动阀逆时针拧到最大，如图 2-4-21 所示。

图 2-4-20　打开制冷系统的维修手阀

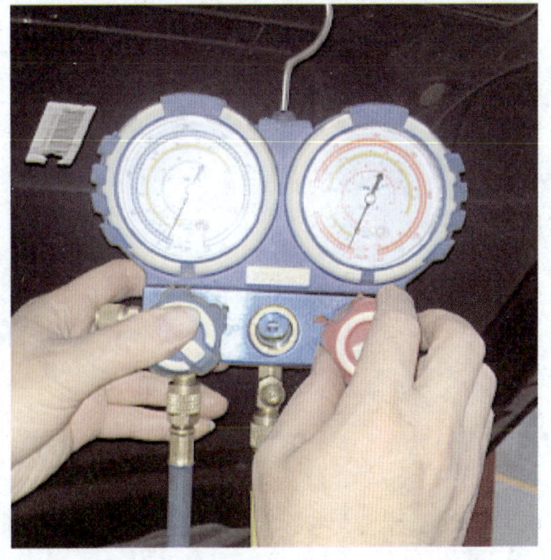

图 2-4-21　打开歧管压力表组的高低压手动阀

（5）用真空泵抽真空 15～30 min，使制冷系统管路的真空度达到技术要求（75 cmHg），如图 2-4-22 所示。

（6）将歧管压力表组的高低压手动阀顺时针拧紧，使其完全关闭。断开真空泵上的电源开关，逆时针拧制冷系统管路上的高低压检修手阀，断开与制冷系统的连通。拆下真空泵及歧管压力表组，如图 2-4-23 所示。

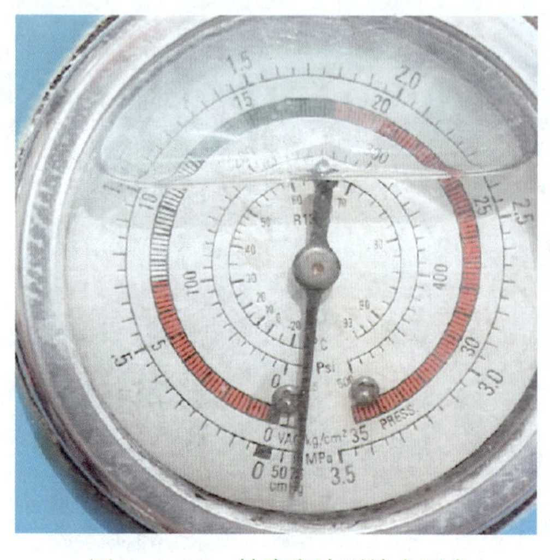

图 2-4-22　抽真空达到技术要求

图 2-4-23　拆卸设备

2. 使用 CHS-A380 制冷剂回收加注机抽真空

（1）将制冷剂回收加注机的高低压管连接到待检汽车制冷系统的高低压检修阀上。

（2）将制冷剂回收加注机的电源插头插到交流 220 V 电源插座上，将电源开关打到“ON”，将抽真空电源开关也打到“ON”，将抽真空手阀拧至“开”位置，再将高低压表下方的手阀也拧到“开”位置，连续抽真空 15 min 以上，当制冷剂回收加注机上的高低压表指示真空度为 75 cmHg 时，停止抽真空。

（3）停止抽真空前，应将制冷剂回收加注机的高低压表手阀及抽真空手阀拧至“关”的位置，方可切断抽真空电源，以免环境中的空气进入制冷系统管路。

汽车空调制冷系统抽真空

（4）切断制冷剂回收加注机的电源，并拆卸高低压管的连接，恢复工位。

思考与练习

1. 汽车空调常用的制冷剂有哪几种？它们分别有什么特性？
2. 汽车空调制冷系统的检漏方法有哪几种？
3. 如何使用电子检漏仪对汽车空调制冷系统进行检漏？
4. 如何使用荧光检漏仪对汽车空调制冷系统进行检漏？
5. 如何使用歧管压力表组对汽车空调制冷系统进行抽真空？
6. 如何使用制冷剂回收加注机对汽车空调制冷系统进行抽真空？

课题小结

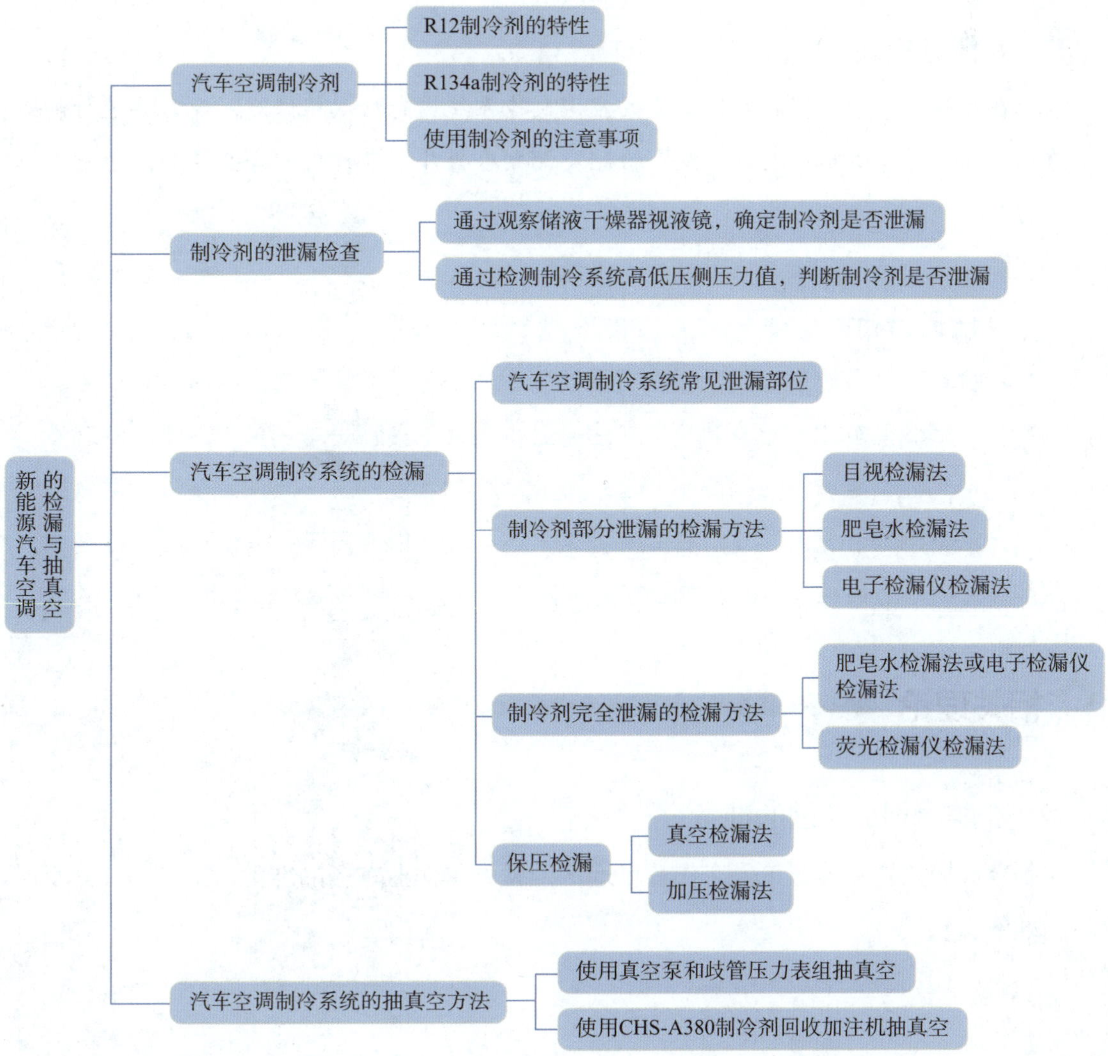

- 新能源汽车空调的检漏与抽真空
  - 汽车空调制冷剂
    - R12制冷剂的特性
    - R134a制冷剂的特性
    - 使用制冷剂的注意事项
  - 制冷剂的泄漏检查
    - 通过观察储液干燥器视液镜，确定制冷剂是否泄漏
    - 通过检测制冷系统高低压侧压力值，判断制冷剂是否泄漏
  - 汽车空调制冷系统的检漏
    - 汽车空调制冷系统常见泄漏部位
    - 制冷剂部分泄漏的检漏方法
      - 目视检漏法
      - 肥皂水检漏法
      - 电子检漏仪检漏法
    - 制冷剂完全泄漏的检漏方法
      - 肥皂水检漏法或电子检漏仪检漏法
      - 荧光检漏仪检漏法
    - 保压检漏
      - 真空检漏法
      - 加压检漏法
  - 汽车空调制冷系统的抽真空方法
    - 使用真空泵和歧管压力表组抽真空
    - 使用CHS-A380制冷剂回收加注机抽真空

课题五 | 新能源汽车空调制冷剂的加注与回收

学习目标

1. 掌握制冷剂加注的方法及注意事项。
2. 能按照制冷剂加注的程序，熟练地加注制冷剂，并判定制冷剂量是否达标。

任务描述

在对一辆丰田卡罗拉双擎轿车的空调制冷系统进行检漏维修后，现需要进行制冷剂加注，并通过运行空调系统，检测空调制冷性能，来评价制冷剂的加注量是否达标。

任务分析

若汽车空调系统制冷剂泄漏或者更换制冷系统的部件后，需要向制冷系统添加制冷剂。制冷剂加注施工及制冷剂加注量是否达标的评价是本任务的关键。要求熟悉制冷剂加注工具、仪器的使用方法，掌握制冷剂加注的方法及注意事项，能熟练地进行制冷剂加注施工并评价制冷剂量是否达标。新能源汽车空调制冷剂加注与回收的操作方法与传统汽车空调的操作方法基本一致。

相关理论

一、制冷剂加注前的准备

制冷剂加注施工准备工作有作业场地的准备，待作业车辆的准备，工具、仪器及材料的准备。

1. 作业场地的准备

在汽车维修企业中，制冷剂加注作业通常在快修快保工位上进行，要求场地干净、通风、无明火和高温热源，备有灭火器材，如图 2-5-1 所示。

图 2-5-1 作业场地的准备

2. 待作业车辆的准备

将待作业车辆停放于规范的工位上，做好车辆的漆面和清洁防护，确定车辆的制动系统、动力系统正常，并将换挡杆置于“P”位，驻车制动器处于制动状态。检查车辆空调系统能否运行，确定制冷系统制冷剂量的情况。

3. 工具、仪器及材料的准备

包括歧管压力表组、制冷系统的维修手阀、摄氏 / 华氏温度计、防冲击防飞溅眼镜、汽车专用制冷剂等。

二、制冷剂加注方法及注意事项

制冷剂的加注方法有液态制冷剂加注法和气态制冷剂加注法两种，如图 2-5-2 所示。

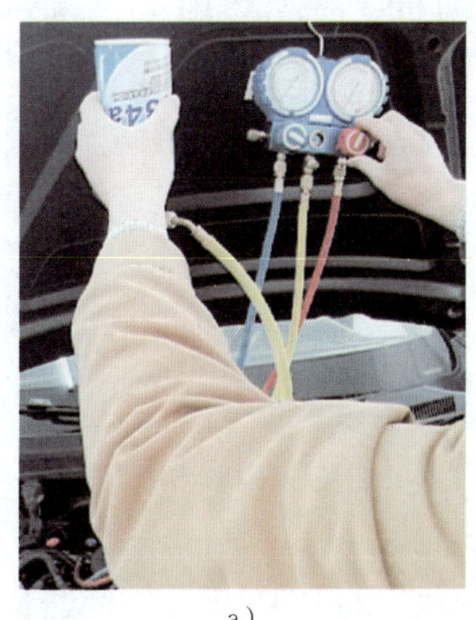

a）

b）

图 2-5-2 制冷剂的加注方法

a）液态制冷剂加注法 b）气态制冷剂加注法

1. 液态制冷剂加注法

液态制冷剂加注法用于制冷系统维修后初次对其加注制冷剂，这种方法的加注速度较快。图 2-5-2a 所示为液态制冷剂加注法，其操作步骤如下：

（1）将歧管压力表组、制冷剂瓶和制冷系统连接起来。

（2）打开制冷剂瓶上的制冷剂加注阀，用旋具将表座上的中间软管排气阀按下，以清除管路中的空气。

（3）打开歧管压力表组高压手动阀，并使制冷剂瓶倒置，使制冷剂进入系统，直至无法再加注进去为止。因制冷剂进入系统后汽化而压力上升，大约充入一小瓶后就难以自然加注进去。

（4）关闭制冷剂瓶上的制冷剂加注阀及歧管压力表组高压手动阀，然后拆下连接的工具和歧管压力表组。

2. 气态制冷剂加注法

气态制冷剂加注法用于制冷剂的补充，或液态制冷剂加注法已经无法再加注时想继续对系统进行加注制冷剂，此法通常是在压缩机运行的情况下进行操作。气态制冷剂加注法如图 2-5-2b 所示，其操作步骤如下：

（1）将歧管压力表组、制冷剂瓶和制冷系统连接起来。

（2）打开制冷剂瓶上的制冷剂加注阀，用旋具将表座上的中间软管排气阀按下，以清除管路中的空气。

（3）启动发动机并开启空调系统，将发动机转速设为 1 500 r/min，将调温旋钮置于温度最低位置，将鼓风机调至最高速度。

（4）打开歧管压力表组表座上的低压手动阀，使制冷剂瓶正置，向系统加注制冷剂至标准量。

（5）关闭制冷剂瓶上的制冷剂加注阀和歧管压力表组上的低压手动阀。

（6）关闭空调系统并使发动机熄火，将歧管压力表组从制冷系统上拆下。

3. 制冷剂加注注意事项

（1）加注液态制冷剂时，要保持空调压缩机不工作，避免压缩机产生“液击”现象。制冷剂从高压管路注入，低压管路关闭，将制冷剂瓶倒置。

（2）加注气态制冷剂时，将制冷剂瓶正置，保持空调压缩机处于工作状态，使低压侧产生一定的吸力，制冷剂从低压管路注入；歧管压力表组高压手动阀需完全关闭，否则高压侧制冷剂充入制冷剂瓶内，会发生危险。

（3）加注制冷剂过程中如发现无法加注制冷剂或歧管压力表组的压力值一直不变，要检查各阀体及表座接头是否发生油堵现象。

三、制冷剂加注量达标的评价方法

1. 查阅维修手册或发动机舱内的铭牌，确定制冷剂的加注量，按标准进行加注。例如，丰田卡罗拉汽车制冷剂的加注量为 620 g、大众宝来汽车制冷剂的加注量为 540 g。

2. 利用歧管压力表组检测制冷系统运行时高低压侧的压力值和制冷系统的降温能力，以此来综合判断制冷剂的加注量是否达标，此法简便、有效。例如，对于丰田卡罗拉双擎轿车，在环境温度为 30 ℃的情况下，发动机转速在 2 000 r/min 左右，打开所有车窗，使空调系统处于外循环模式、将鼓风机调至最高速度、将温度调节旋钮调至温度最低位置，检测制冷系统高低压侧压力值和出风口温度来评价制冷剂加注量是否达标，若高低压侧压力符合维修手册的规定值（1.5～2.0 MPa/0.15～0.25 MPa），环境温度与出风口温度差大于 16 ℃，则表明制冷剂加注量达标。

四、汽车空调制冷系统制冷剂的加注

检修后的制冷系统在加注制冷剂前需先抽真空，以免制冷系统管路中有空气渗入，影响制冷系统的正常工作。制冷系统加注制冷剂可使用歧管压力表组或制冷剂回收加注机。

1. 使用歧管压力表组加注制冷剂

（1）将歧管压力表组的高低压软管连接到表座上，将制冷系统的维修手阀连接到高低压软管上，并通过制冷系统的高低压维修手阀，将歧管压力表组高低压软管与制冷系统高低压侧检修阀连接。注意连接表组前要校表，并将表座上的高低压手动阀关闭。安装制冷系统的维修手阀前，要将其阀针逆时针拧到底，避免顶坏制冷系统高低压侧检修阀。歧管压力表组与制冷系统的连接如图 2-5-3 所示。

（2）将歧管压力表组的中间软管连接到真空泵上，将制冷系统的维修手阀顺时针拧至制冷系统与歧管压力表组连通，开启真空泵，将歧管压力表组阀座上的高低压手动阀逆时针拧到最大，使制冷系统的真空度达到技术要求（70 mmHg），顺时针将表座上的高低压手动阀关闭。图 2-5-4 所示为对制冷系统管路抽真空。

（3）将制冷剂加注阀安装到小瓶装制冷剂瓶上，将锁紧螺母锁紧。注意操作时要戴上防护眼镜，安装制冷剂加注阀前，先将阀针逆时针缩回，以避免安装过程中制冷剂泄漏而冻伤操作者。图 2-5-5 所示为安装制冷剂加注阀。

图 2-5-3　将歧管压力表组与制冷系统连接

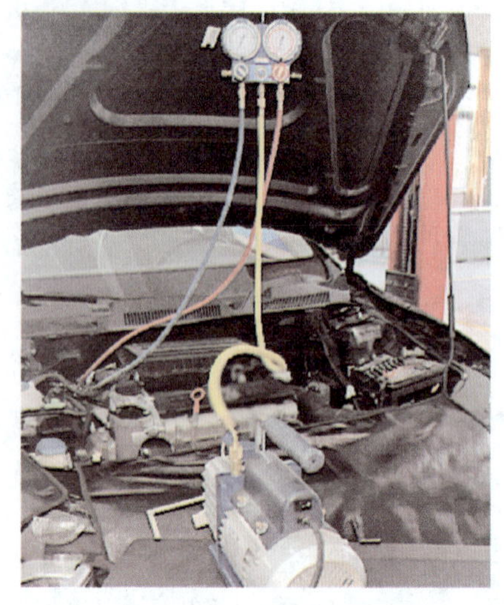
图 2-5-4　对制冷系统管路抽真空

（4）顺时针拧制冷剂加注阀手柄，直至阀针刺穿制冷剂瓶，使制冷剂流出。图 2-5-6 所示为开启制冷剂瓶。

图 2-5-5　安装制冷剂加注阀

图 2-5-6　开启制冷剂瓶

（5）用工具将歧管压力表组表座上中间软管的排气阀按下，利用制冷剂将管路中的空气赶出，防止空气进入制冷系统，影响制冷效果、腐蚀系统、加速冷冻机油变质。图 2-5-7 所示为将中间软管中的空气排出。

（6）将表座上的高压手动阀逆时针拧紧，并将制冷剂瓶倒置，制冷剂以液态的形式从高压管路加注入制冷系统管路，因制冷剂进入系统后会蒸发，系统压力会上升，经高压侧加注一瓶制冷剂后系统中压力为 0.4～0.5 MPa，此时经高压侧自然加注已经很难加注进去，应将高压手动阀顺时针关闭，换成经低压侧以气态的方式继续加注制冷剂。图 2-5-8 所示为经高压侧加注制冷剂。

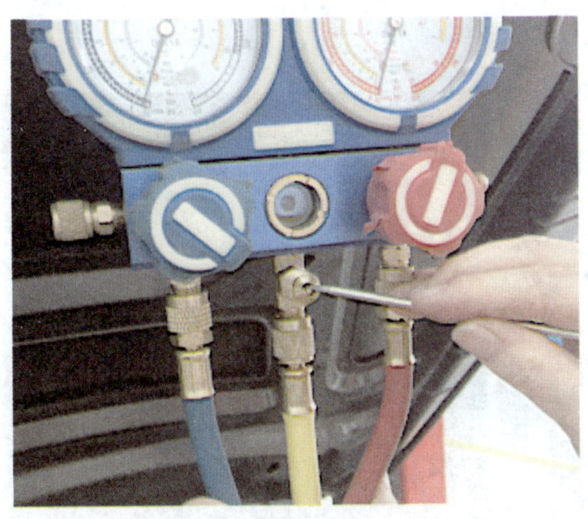

图 2-5-7 将中间软管中的空气排出

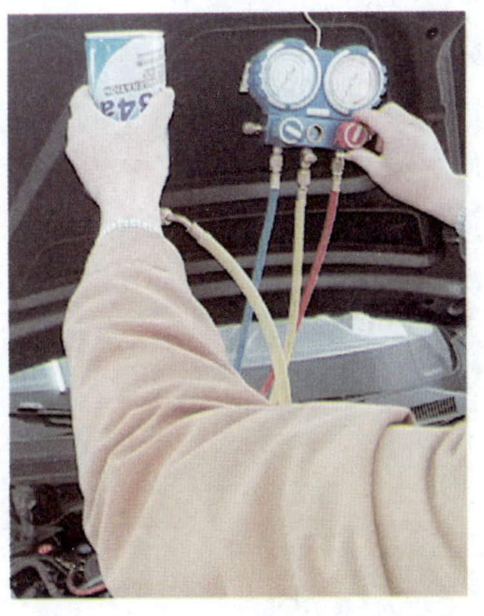
图 2-5-8 经高压侧加注制冷剂

（7）将已经加注完毕的制冷剂瓶拆下，换上新的小瓶装制冷剂，操作方法同步骤（3）~（5）。图 2-5-9 所示为更换新的制冷剂瓶。

（8）启动发动机并热车至正常工作温度，开启空调系统的鼓风机，按下 A/C 开关使空调压缩机工作，将空调进风模式选定为外循环模式，将鼓风机调至最高速，将调温旋钮调至温度最低位置，打开所有车窗，使制冷系统处于最大制冷负荷状态。图 2-5-10 所示为启动发动机并运行空调系统。

图 2-5-9 更换新的制冷剂瓶

图 2-5-10 启动发动机并运行空调系统

（9）将制冷剂瓶正置，逆时针将歧管压力表组的低压手动阀拧紧，将发动机转速控制在 2 000 r/min 左右，使制冷剂以气态的形式经低压侧吸入制冷系统。图 2-5-11 所示为经低压侧加注制冷剂。

（10）观察高压侧压力值，当高压侧压力值在标准值范围内时，将表座上的低压手动阀顺时针关紧，发动机的转速继续保持在 2 000 r/min 左右运行 1 ~ 2 min，读取高低压表的压力值并做好记录。图 2-5-12 所示为检测高低压侧运行压力。

图 2-5-11　经低压侧加注制冷剂

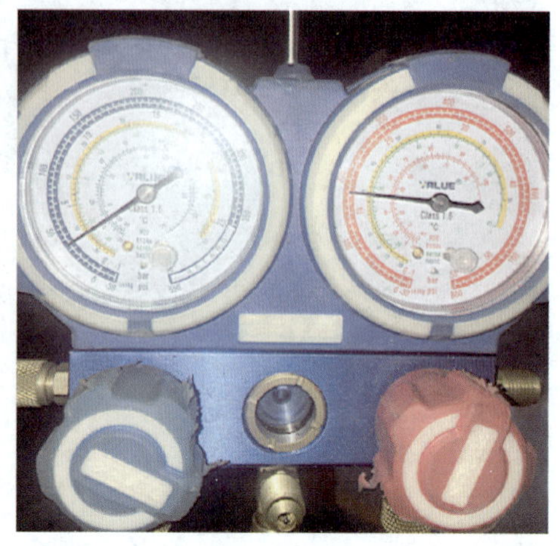

图 2-5-12　检测高低压侧运行压力

（11）在对制冷系统运行压力进行检测的同时，将摄氏 / 华氏温度计感应头置于空调出风口内，2 min 后读取温度计的数值并做记录，将记录下来的高低压侧压力值、环境温度与出风口温度差和标准技术指标进行对比，评价制冷剂的加注量是否达标。若不达标需继续补充，若达标则完成加注。图 2-5-13 所示为检测空调出风口温度。

（12）加注完制冷剂后，拆卸歧管压力表组等设备，盖好系统管路上检修阀的防尘帽。图 2-5-14 所示为拆卸加注设备。

图 2-5-13　检测空调出风口温度

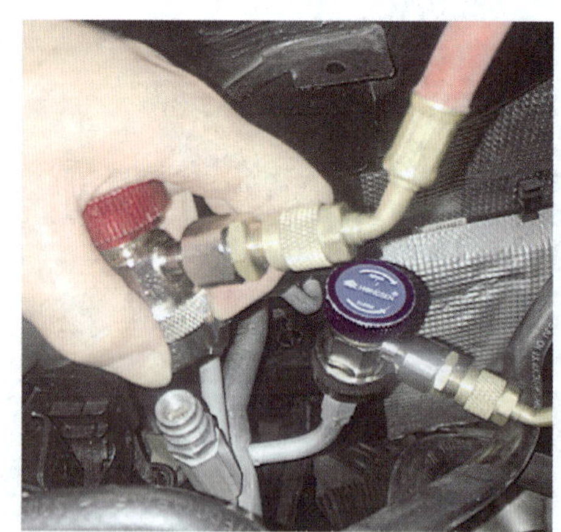
图 2-5-14　拆卸加注设备

（13）对作业场地、车辆及工具、仪器等按 7S 管理规范进行清扫、整理。

用歧管压力表组加注制冷剂

2. 使用制冷剂回收加注机加注制冷剂

（1）将制冷剂回收加注机的高低压连接管连接到待维修车辆制冷系

统的高低压检修阀上，对制冷系统抽真空，如图 2-5-15 所示。抽真空的操作流程在课题四中已有详细介绍，在此不再重复。

（2）抽真空完毕后，将小瓶制冷剂连接到制冷剂回收加注机的小瓶加注接口上，通过制冷剂加注阀开启制冷剂瓶，并将小瓶制冷剂加注阀拧到“开”的位置，如图 2-5-16 所示。若使用制冷剂回收加注机上的大瓶加注接口来加注，则拧开制冷剂存储钢瓶上的阀门，并将小瓶加注接口旁边的“加注”阀门拧到“开”的位置。

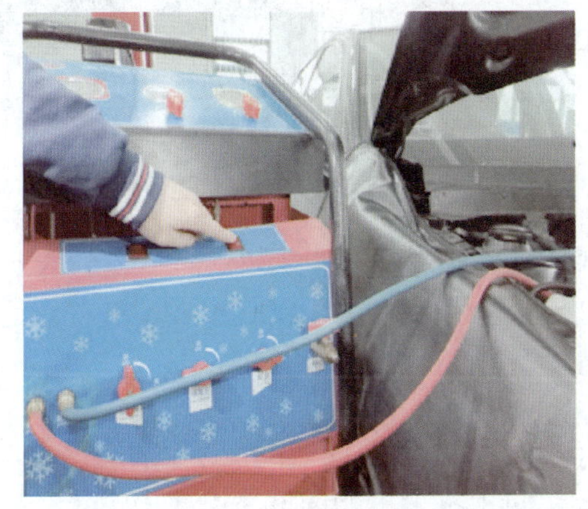

图 2-5-15　将制冷剂回收加注机与制冷系统连接

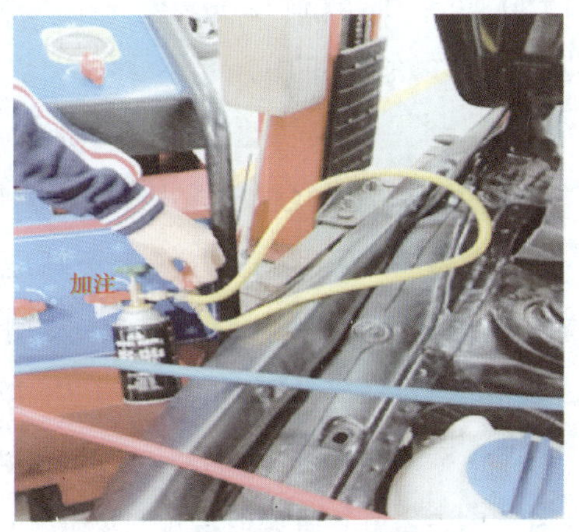

图 2-5-16　将制冷剂瓶与制冷系统连接

（3）将制冷剂回收加注机上高低压表下方的阀门拧到“开”的位置，如图 2-5-17 所示。

（4）在制冷系统管路接头处（高、低压管）拧松接头，排出管路中的空气，顺时针拧制冷系统的高压维修手阀，使制冷系统与加注设备接通，向制冷系统加注制冷剂直至系统压力达到 0.5 MPa，关闭制冷剂回收加注机高压表下方的阀门，如图 2-5-18 所示。

图 2-5-17　将制冷剂回收加注机高低压表下方阀门打开

图 2-5-18　系统排空气并向系统加注制冷剂

（5）顺时针拧制冷系统的低压维修手阀，使制冷系统与加注设备接通，启动发动机并热车至正常工作温度，开启空调系统的鼓风机，按下 A/C 开关使空调压缩机工作，将空调进风模式选定为外循环模式，将鼓风机调至最高速度，调温旋钮调至温度最低位置，打开所有车窗，使制冷系统处于最大制冷负荷状态，如图 2-5-19 所示。

图 2-5-19　启动发动机并运行空调系统

（6）将发动机转速控制在 2 000 r/min 左右，使制冷剂以气态的形式经低压侧吸入制冷系统。

（7）观察高压侧压力值，当高压侧压力值达到标准值（一般为 1.3～1.6 MPa）时，将低压表阀门顺时针关紧，发动机的转速继续保持在 2 000 r/min 左右，运行 1～2 min，读取高低压表的压力值并做好记录。

（8）在对制冷系统运行压力进行检测的同时，将摄氏 / 华氏温度计感应头置于空调出风口内，2 min 后读取温度计数值并做记录，将记录下来的高低压侧压力值、环境温度与出风口温度差与标准技术指标进行对比，评价制冷剂的加注量是否达标。若不达标继续加注，若达标则完成加注。

（9）加注完制冷剂后，将制冷系统的维修手阀逆时针拧到底，使制冷剂回收加注机软管与制冷系统管路断开，取下制冷系统的维修手阀，盖上系统管路上检修阀的防尘帽。

用制冷剂加注回收机加注制冷剂

（10）对作业场地、车辆及工具、仪器等按 7S 管理规范进行清扫、整理。

五、制冷剂的排放与回收

1. 制冷剂的排放

排放制冷剂的操作步骤如下：

（1）关闭歧管压力表组高低压手动阀，按图 2-5-20 所示连接好管路，启动发动机并运行空调系统。将空调进风模式设置为外循环模式，将鼓风机调至最高速度，将调温旋钮调至温度最低位置，将发动机转速调到 1 500～2 000 r/min，并运行 5～10 min。

（2）松开加速踏板，使发动机恢复正常怠速，关闭发动机。

（3）缓慢打开歧管压力表组高压手动阀，在软管出口盖上一块干净毛巾，观察毛巾上有无油污，并调节制冷剂的流量。

（4）在高压表读数降到 0.35 MPa 以下时，缓慢打开歧管压力表组低压手动阀。

（5）当系统压力下降时，逐渐打开歧管压力表组高压手动阀和低压手动阀，直到高低压表读数达到零为止，关闭高低压手动阀。

图 2-5-20　排放制冷剂操作

排放制冷剂的注意事项如下：

（1）在排放制冷剂特别是排放 R12 制冷剂时，要保证周围环境通风良好。

（2）排放制冷剂时注意不要靠近明火，以免制冷剂产生有毒气体。

（3）不能在启动汽车时排放制冷剂，要缓慢地打开高压手动阀，避免冷冻机油与制冷剂一起排出。

（4）操作人员要避免被制冷剂冻伤。如不小心冻伤，应马上用清水冲洗冻伤部位或去医院检查。

2. 制冷剂的回收

回收制冷剂常用的方法有压缩法和冷却法两种，目前汽车维修行业常使用压缩法回收制冷剂。

图 2-5-21 所示为压缩法回收装置，图 2-5-22 所示为冷却法回收装置。

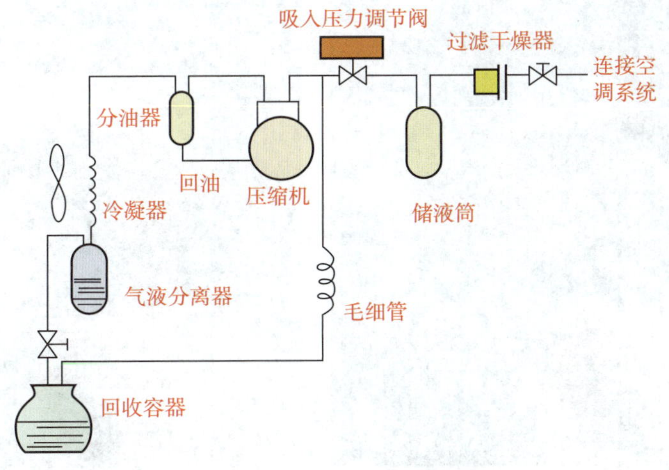

图 2-5-21　压缩法回收装置

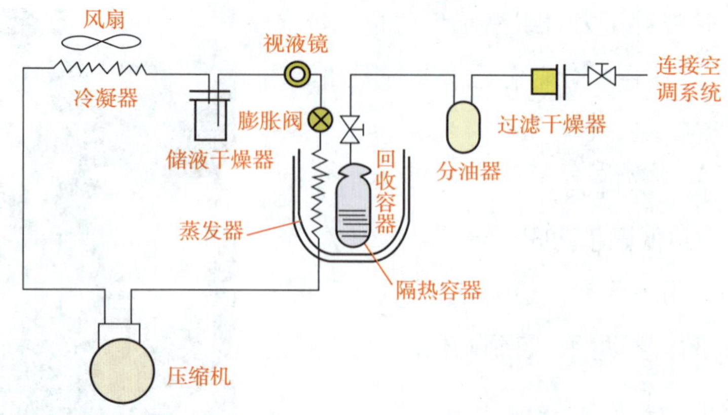

图 2-5-22　冷却法回收装置

下面以使用 CHS-A380 制冷剂回收加注机回收制冷剂为例，介绍回收制冷剂的操作流程。

（1）把制冷剂回收加注机上的高低压软管连接到待服务车辆的空调系统中，如图 2-5-23 所示。连接前要弄清空调系统所使用的制冷剂类型。

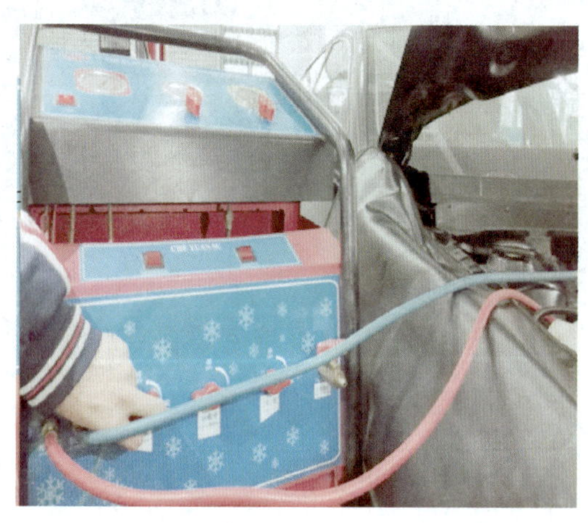

图 2-5-23　将制冷剂回收加注机与待服务车辆空调系统连接

（2）把制冷剂回收加注机上的高压手阀、低压手阀、回收手阀以及回收钢瓶上的手阀均置于“开”的位置，如图 2-5-24 所示。注意在操作过程要排出软管中的空气。

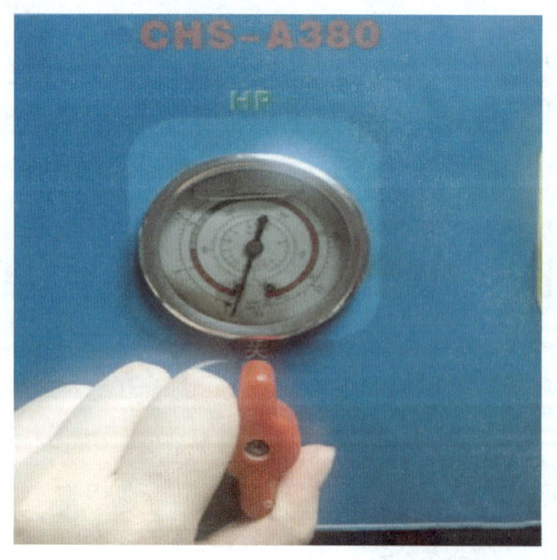

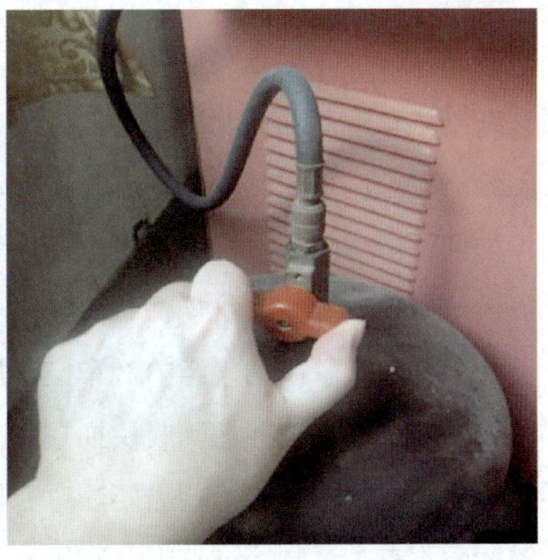

图 2-5-24 打开制冷剂回收加注机及钢瓶上各相关手阀

（3）将制冷剂回收加注机接上 220 V 交流电源，按下电源开关和回收电源开关，如图 2-5-25 所示。系统开始从车辆上回收制冷剂，回收指示灯亮起。

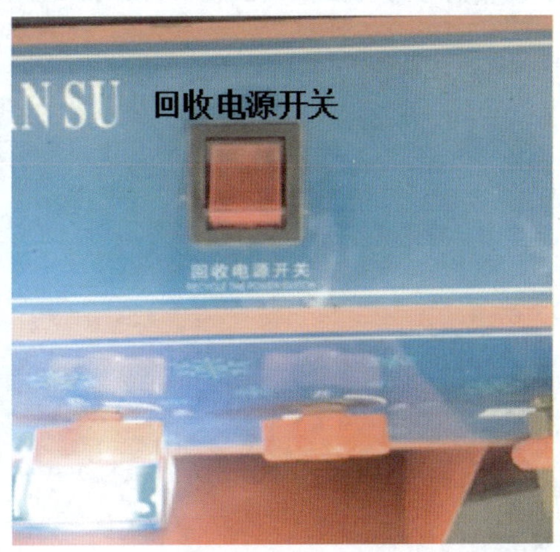

图 2-5-25 按下电源开关和回收电源开关

（4）当车辆的空调系统真空度下降到 280 mmHg，制冷剂回收加注机自动关闭，回收指示灯熄灭。

用制冷剂加注回收机回收制冷剂

（5）关上制冷剂瓶上阀门，切断总电源，拆卸连接管路。

（6）对车辆、设备和场地进行复原，并执行 7S 管理规范。

由于在回收制冷剂的过程中难免会因操作不当或管理不善而造成制冷剂不纯，通常回收的制冷剂不能继续使用，最好将回收的制冷剂进行再生处理。若回收的制冷剂需要再次被使用，则应先用制冷剂分析仪对其型号和纯度进行分析，达到规定质量指标后再使用。

思考与练习

1. 在给汽车空调加注制冷剂前要做哪些准备工作?
2. 给汽车空调加注制冷剂有哪几种方法?
3. 如何评价汽车空调系统制冷剂加注量是否达标?
4. 给汽车空调制冷系统加注制冷剂需要哪些工具、仪器及材料?
5. 如何使用歧管压力表组给汽车空调加注制冷剂?
6. 如何使用制冷剂加注回收机加注制冷剂?
7. 给汽车空调加注制冷剂需要注意哪些事项?
8. 回收汽车空调制冷剂有哪些常用方法?

课题小结

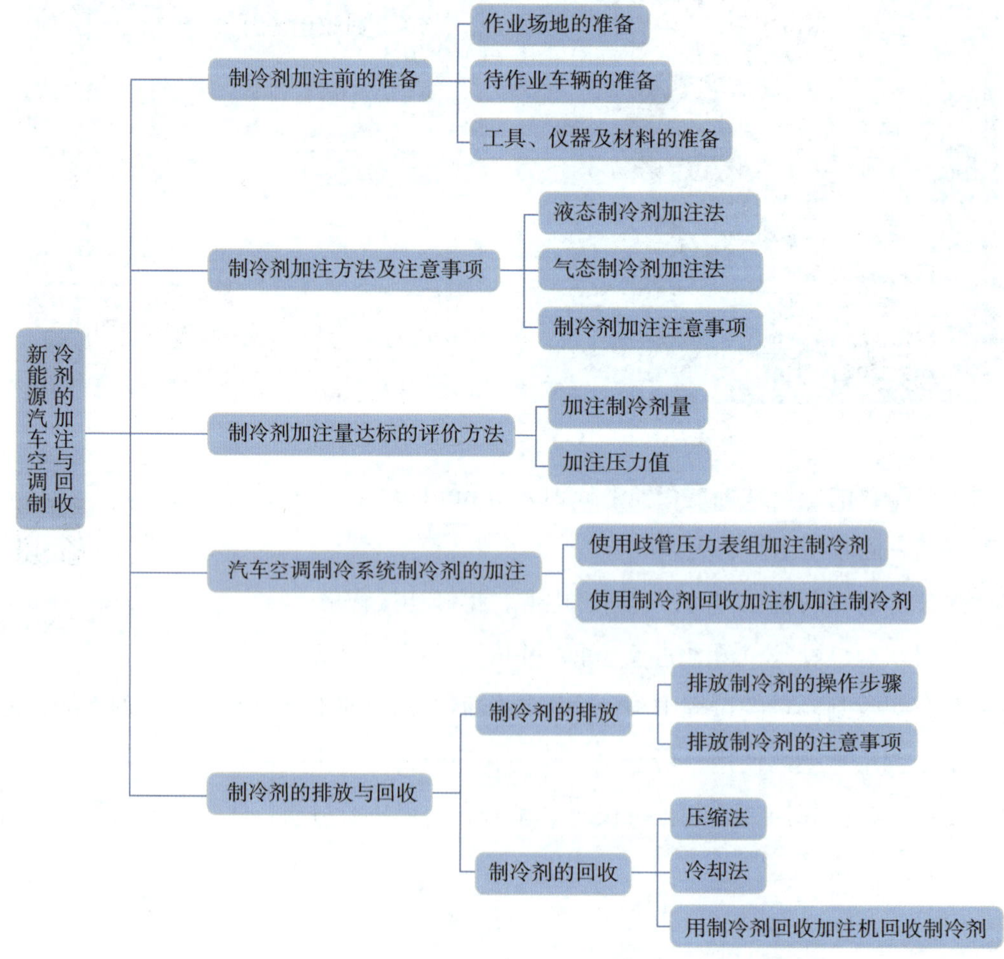

课题六 | 新能源汽车空调冷冻机油的补充与更换

学习目标

1. 了解汽车空调制冷系统压缩机用冷冻机油的相关知识。
2. 熟悉汽车空调制冷系统冷冻机油的油量和品质检查的内容。
3. 掌握汽车空调制冷系统冷冻机油的补充和更换作业方法。

●任务描述

一辆丰田卡罗拉双擎轿车已行驶50 000 km，现因交通事故撞坏了制冷系统的冷凝器。车辆在更换冷凝器后，因制冷系统中冷冻机油的油量不足，需要给该车空调制冷系统补充冷冻机油，并进行一些其他必要的维修，使空调系统恢复制冷功能。

●任务分析

本课题要求维修人员熟悉冷冻机油的相关知识，能对冷冻机油的油量和品质进行检查，能选择与车辆使用制冷剂相匹配的冷冻机油，进行冷冻机油的补充或更换作业。

相关理论

一、压缩机冷冻机油概述

冷冻机油也称冷冻润滑油或压缩机油，是一种在高低温工况下均能正常工作的特殊润滑油。

1. 冷冻机油的作用

（1）润滑作用

冷冻机油在压缩机运转中起润滑作用，能降低压缩机运行中的摩擦磨损程度，从而延长压缩机的使用寿命，降低功耗，提高制冷系数。

（2）密封作用

冷冻机油在压缩机中起密封作用，使压缩机中的活塞和气缸表面以及旋转轴承都能达到有效密封，以防止制冷剂泄漏。

（3）冷却作用

冷冻机油在压缩机各运动部件间润滑时，可以带走工作过程中产生的热量，使运动部件保持较低的温度，从而提高压缩机的效率和可靠性。

2. 对冷冻机油的性能要求

为保证压缩机工作正常，对冷冻机油提出了一些性能要求。

（1）冷冻机油的凝固点要低，在低温下具有良好的流动性。

（2）冷冻机油应具有一定的黏度，且受温度的影响要小。

（3）冷冻机油与制冷剂的溶解性能要好。

（4）冷冻机油的闪点温度要高，具有较高的热稳定性，即在高温下不氧化、不分解、不结胶、不积炭。

（5）冷冻机油的挥发性要差。

（6）冷冻机油的化学性质要稳定。

（7）冷冻机油中应无水分。

3. 冷冻机油的性能指标

冷冻机油的性能指标主要有黏度、凝固点、闪点、燃点、浊点、水分、酸碱性、机械杂质等。

4. 冷冻机油的种类

国产冷冻机油的牌号有四种，即 13 号、18 号、25 号和 30 号。牌号越大，其黏度也越大，其性能指标见表 2-6-1。进口冷冻机油牌号一般有三种，即 SUNISO 3GS、SUNISO 4GS、SUNISO 5GS，其性能指标见表 2-6-2。

表 2-6-1　　国产冷冻机油的性能指标

性能指标	国产冷冻机油的牌号			
	13	18	25	30
运动黏度（50 ℃）/（mm^2/s）	11.5～14.5	>18	>25.4	<30
凝固点 /℃	<-40	<-40	<-40	<-40
闪点 /℃	<160	<160	<170	<180
总酸值 /（mg KOH/g）	<0.14	<0.03	<0.002	<0.01
机械杂质（质量分数）/%	<0.012	—	<0.07	—
水分（质量分数）/%	无	无	<0.07	无
灰分（质量分数）/%	无	无	无	无

表 2-6-2　　进口冷冻机油的性能指标

性能指标	进口冷冻机油的牌号		
	SUNISO　3GS	SUNISO　4GS	SUNISO　5GS
黏度（SUS/37.8 ℃）	150～160	280～300	510～520
黏度（SUS/98.9 ℃）	40～42	44～47	51～54
闪点 /℃	172	181	1 196
燃点 /℃	188	200	—
流动点 /℃	-45	-37.8	-30
絮状凝固点 /℃	-56.7	-51.1	-45.6
相对密度（15 ℃/4 ℃）	0.915 5	0.921 3	0.927 8
含硫量（体积分数）/%	0.05	0.006	0.75
含水量（体积分数）/%	0.002 以下	0.002 以下	0.002 以下
绝缘电压 /kV	45	45	45

与 R134a 制冷剂匹配的冷冻机油有聚烃乙二醇（PAG）、聚酯类润滑油（ESTER）等，也可使用国产 18 号冷冻机油。图 2-6-1 所示为与 R134a 制冷剂匹配的冷冻机油。

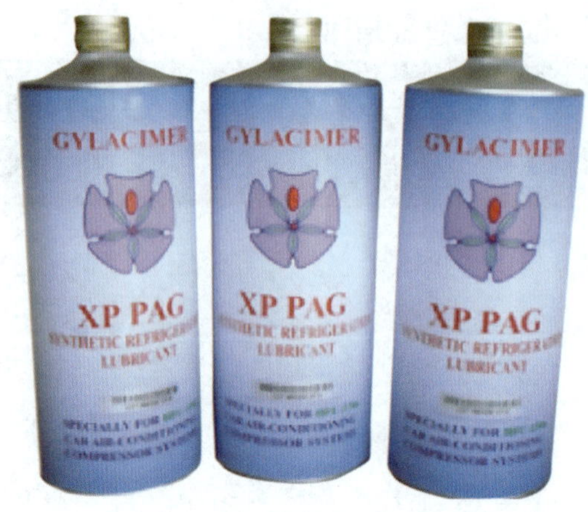

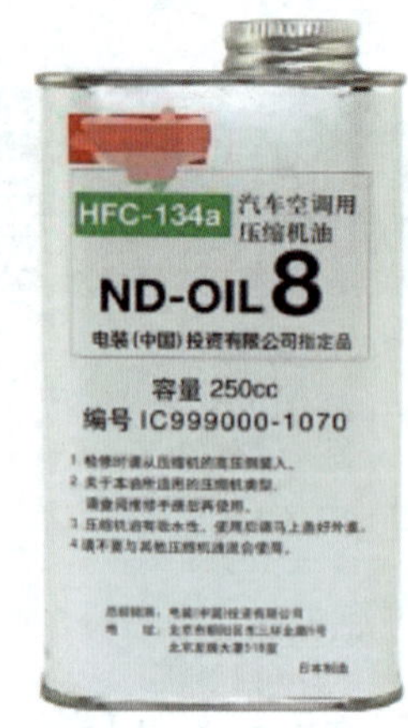

图 2-6-1　与 R134a 制冷剂匹配的冷冻机油

5. 使用冷冻机油的注意事项

（1）不同牌号的冷冻机油不能混用，否则会变质。

（2）不允许向系统添加过量的冷冻机油，否则会影响汽车空调制冷系统的制冷量。

（3）不能使用变质混浊的冷冻机油，否则会影响压缩机正常运转。

（4）冷冻机油易吸水，用后应马上将瓶盖拧紧。

（5）在加注制冷剂时，应先加注冷冻机油，再加注制冷剂。

（6）在排放制冷剂时要缓慢进行，以免冷冻机油与制冷剂一起排出。

（7）更换制冷系统部件时，应适当补充一定量的冷冻机油。

二、压缩机冷冻机油的检查

1. 检查冷冻机油的油量

检查冷冻机油油量可通过观察视液镜或观察油尺来进行。

（1）通过观察视液镜检查冷冻机油油量

通过压缩机上安装的视液镜，可观察压缩机冷冻机油油量。如压缩机冷冻机油油位达到视液镜高度的 80% 位置，一般认为是合适的。如果油位在此界线之上，应放出多余的冷冻机油；如果油位在此界线之下，则应添加冷冻机油。

（2）通过观察油尺检查冷冻机油油量

对于未安装视液镜的压缩机，可用油尺检查冷冻机油油量。有的压缩机只有一个油塞，有的油塞下面装有油尺，有的油塞下面没有装油尺，需借助专用的油尺插入检查，观察冷冻机油油位是否在规定的最高与最低液位之间。

2. 检查冷冻机油的质量

冷冻机油的质量好坏可以通过化学分析和物理分析检验。在使用冷冻机油的过程中，还可根据冷冻机油的颜色、气味，直观地判断出其质量好坏。一般冷冻机油为浅黄色无味的液体，若混入杂质后，会变成棕色或黑色，还可能有一定的臭味。常用的检查方法还有滴纸法和对比法。

三、冷冻机油的加注和更换

1. 冷冻机油的加注

（1）冷冻机油的加注方法

压缩机冷冻机油的加注方法主要有三种：一是直接加注，二是从高压侧加注，三是从低压侧加注，可根据具体情况灵活进行。

1）直接加注。如从压缩机直接加注，应先进行回油操作，即在怠速时启动压缩机，控制系统处于最冷和高风速下工作 20～30 min，使冷冻机油返回压缩机，然后将发动机熄火并排放掉制冷剂，从车上拆下压缩机，倒掉旧冷冻机油，直接加注或补充新冷冻机油。

2）从高压侧加注。从高压侧加注冷冻机油时，应先抽真空到 98 kPa，关闭歧管压力表组高压侧手动阀，再关闭压缩机的检修阀；把高压软管从歧管压力表组端卸下，插入冷冻机油中；打开压缩机的检修阀，冷冻机油即被吸入系统。当冷冻机油吸完时，应立即关闭压缩机的检修阀，以免吸入空气。然后将高压软管装回歧管压力表组上，打开高压侧手动阀，抽真空后再加注制冷剂。

3）从低压侧加注。从低压侧加注冷冻机油时，不需要使用制冷系统的检修阀，在抽真空到 98 kPa 后，将歧管压力表组低压手动阀关闭，使用真空泵继续抽真空；保持歧管压力表组高压手动阀处于开启状态，把低压软管从歧管压力表组卸下，插入冷冻机油中，吸取冷冻机油，冷冻机油吸取完毕将软管装回原位；打开歧管压力表组低压手动阀，继续抽真空，抽完真空即可进行加注制冷剂作业。注意：冷冻机油过多会导致空调制冷不良，冷冻机油过少会使压缩机容易损坏，一定要按车辆规定冷冻机油油量加注。

（2）冷冻机油的加注量

冷冻机油的加注量应按照冷冻机油的消耗量添加，以丰田卡罗拉轿车为例，冷冻机油添加量见表 2-6-3。

表 2-6-3　　丰田卡罗拉轿车空调系统冷冻机油添加量

	丰田卡罗拉轿车空调系统					
	冷凝器	蒸发器	储液干燥器	制冷剂管路	压缩机	系统泄漏检修时
冷冻机油添加量	25 mL	40 mL	10 mL	10 mL	新压缩机总冷冻机油油量 - 各元件冷冻机油油量	10 mL

注：即使更换的旧压缩机没有冷冻机油排出，新更换的压缩机的冷冻机油油量也不能大于 40 mL。

（3）汽车空调系统加注冷冻机油的操作流程

在更换空调系统部件或者发现汽车空调系统制冷剂严重泄漏时，汽车空调都必须加注冷冻机油。下面以从低压侧加注冷冻机油为例，介绍汽车空调系统加注冷冻机油的操作流程。

1）对制冷系统抽真空。

2）选择一个有刻度的量杯，放入比需加注量稍多些的冷冻机油。

3）按如图 2-6-2 所示连接整个系统，将低压软管从歧管压力表组一端卸下，并伸入冷冻机油中；高压软管仍接制冷系统的高压检修阀，中间软管仍接真空泵。

4）开启真空泵，打开高压手动阀，冷冻机油便被徐徐吸入压缩机中。

5）加注冷冻机油后，再对制冷系统抽真空，加注制冷剂。

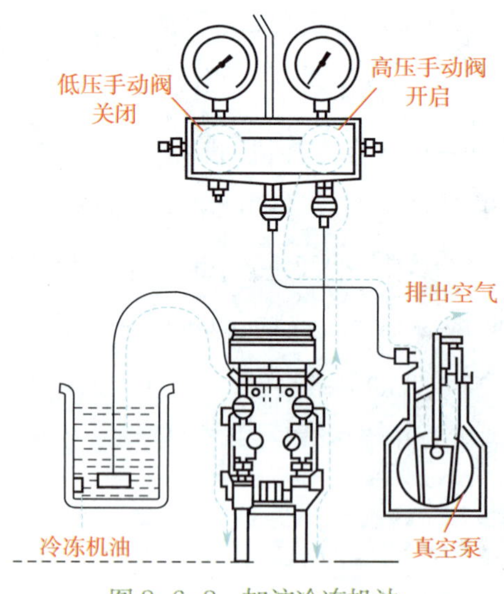

图 2-6-2　加注冷冻机油

2. 冷冻机油的更换

更换冷冻机油可采用前面介绍的冷冻机油直接加注法，这里不再赘述。

思考与练习

1. 汽车空调冷冻机油有哪些类型？分别具有哪些特性？
2. 如何检查汽车空调制冷系统冷冻机油的油量？
3. 汽车空调冷冻机油的加注方法有哪些？应如何操作？

课题小结

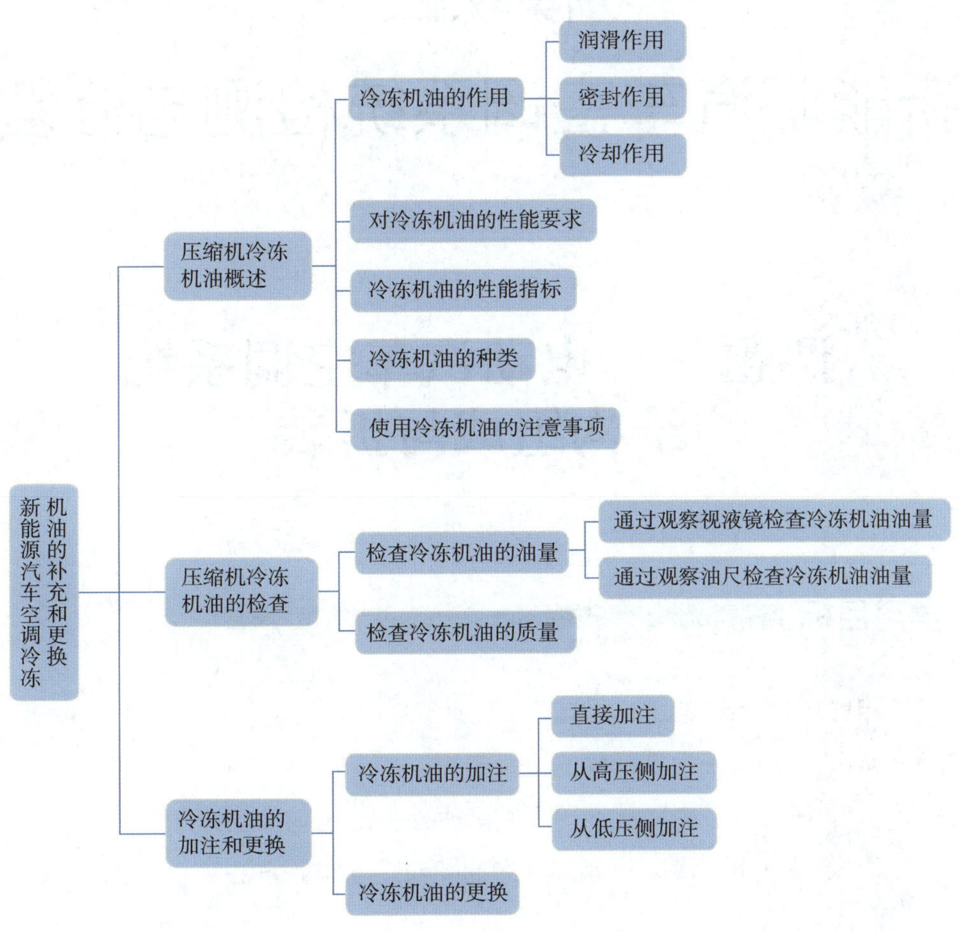

模块三 新能源汽车空调系统检测与修复

课题一 | 电动汽车空调系统结构组成与拆装

学习目标

1. 了解电动空调系统的结构组成。
2. 了解电动空调系统各零部件的安装位置。
3. 熟悉电动压缩机、膨胀阀、冷凝器等零部件的结构及工作原理。
4. 掌握电动压缩机、冷凝器等部件的拆卸与装配作业方法。

任务描述

一辆北汽 EV160 电动汽车的电动空调系统无法工作，客户希望 4S 店工作人员帮助找出汽车电动空调系统不工作的故障原因。

任务分析

本课题要求维修人员了解电动空调系统的结构组成，并能指出各零部件的安装位置。熟悉电动压缩机、膨胀阀、冷凝器等零部件的结构及工作原理。查找出 EV160 电动汽车空调系统不工作的故障原因，并能正确进行电动压缩机、冷凝器等相关部件的拆卸与装配作业。

相关理论

一、电动空调系统的结构组成

1. 压缩机

压缩机的作用是压缩和输送制冷剂，把来自蒸发器的低温低压制冷剂蒸气吸入气缸，压缩形成高温高压蒸气并排入冷凝器，它是整个空调制冷系统的“心脏”。

（1）压缩机的类型

汽车空调压缩机的种类较多，其类型如图 3-1-1 所示。

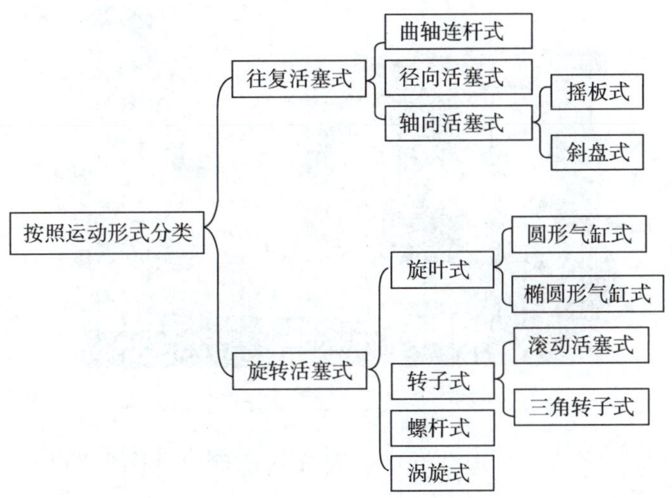

图 3-1-1 汽车空调压缩机的类型

压缩机根据运动形式通常可分为往复活塞式和旋转活塞式两大类，其中往复活塞式又可以根据活塞的种类分为曲轴连杆式、径向活塞式和轴向活塞式三种。旋转活塞式又可以分为旋叶式、转子式、螺杆式和涡旋式四种。也可以根据压缩机的工作容量是否变化将其分为定容量式和变容量式两大类。目前，在汽车上应用比较广泛的有摇板式、斜盘式、旋叶式和涡旋式等，其中摇板式和斜盘式可以比较方便地做成变容量压缩机。

（2）常见压缩机的结构和工作原理

1）摇板式压缩机的结构和工作原理。摇板式压缩机的工作原理如图 3-1-2 所示，气缸以压缩机的轴线为中心均匀分布，主轴旋转时，带动楔块一起旋转，楔块推动摇板以钢球为中心摆动，摇板带动活塞在气缸内做往复运动。主轴每转动一周，气缸完成压缩、排气、膨胀、吸气一个工作循环。一般一个摇板配有五个活塞，主轴转动一周就有五次排气过程。三电公司摇板式压缩机的结构如图 3-1-3 所示。

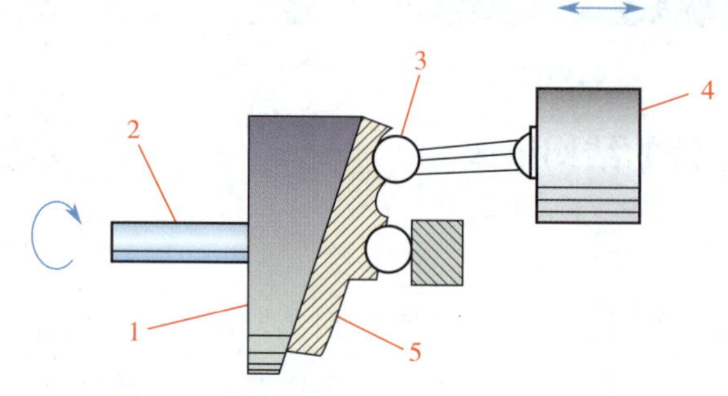

图 3-1-2 摇板式压缩机的工作原理

1—楔块 2—主轴 3—钢球 4—活塞 5—摇板

图 3-1-3 三电公司摇板式压缩机的结构

2）斜盘式压缩机的结构和工作原理。斜盘式压缩机的结构如图 3-1-4 所示。斜盘式压缩机的工作原理如图 3-1-5 所示，前后布置的两组气缸均以压缩机主轴为中心均匀布置，斜盘以一定角度与主轴固定在一起，斜盘的边缘装在活塞中部的槽中，活塞槽与斜盘边缘通过钢球轴承连接在一起，活塞为双向活塞，两端分别伸入前后两个气缸中。当主轴带动斜盘转动时，斜盘驱动活塞做轴向移动，由于活塞在前后布置的气缸中同时做轴向运动，这相当于两个活塞在做双向运动。斜盘每转动一周，前后两个活塞各自完成吸气、压缩、排气、膨胀过程，相当于两个工作循环。如果缸体截面均匀布置五个气缸和五个双向活塞时，主轴旋转一周，共有十次排气过程。

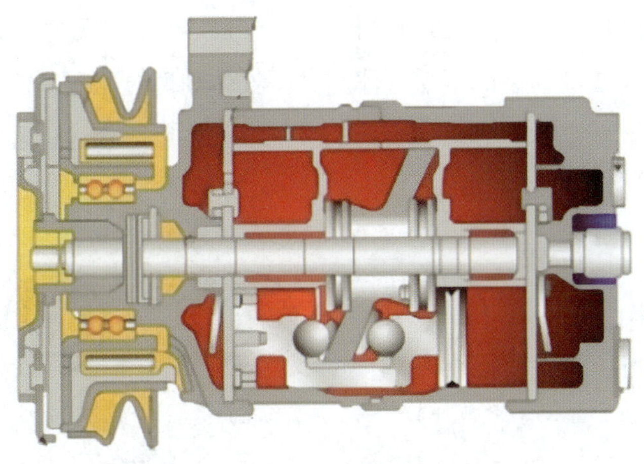

图 3-1-4 斜盘式压缩机的结构

3）涡旋式压缩机的结构和工作原理。电动涡旋式压缩机是电动空调系统应用最为普遍的压缩机，其结构如图 3-1-6 所示，主要由高低压插接件、驱动控制器、直流无刷电动机和涡旋式压缩机等部件组成。涡旋式压缩机由旋转涡管和固定涡管组成，两涡管结构相似，都是由端板和由端板上伸出的渐开线形涡旋齿组成。两者偏心配置且相互错开，相互啮合形成一组月牙形空间，固定涡管静止不动，而旋转涡管在专门旋转机构的约束下，由曲柄轴带动做偏心回转平动，只有公转无自转。

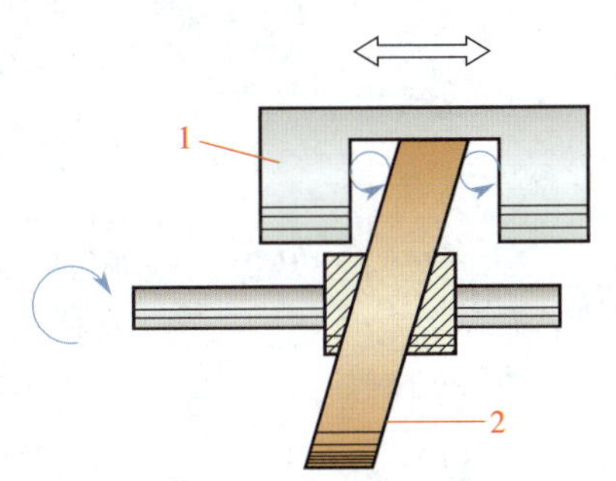

图 3-1-5 斜盘式压缩机的工作原理

1—活塞 2—回转斜盘

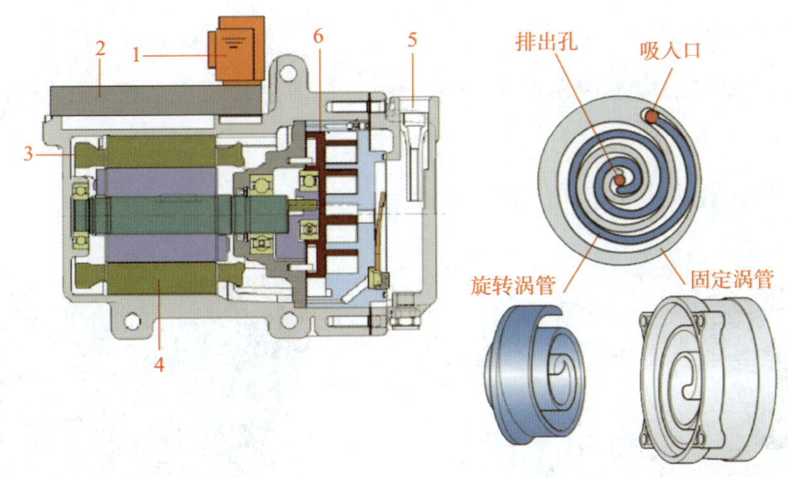

图 3-1-6 电动涡旋式压缩机的结构

1—高低压插接件 2—驱动控制器 3—压缩机吸气口 4—直流无刷电动机
5—压缩机排气口 6—涡旋式压缩机

如图 3-1-7 所示为涡旋式压缩机的具体工作过程。吸气口设在固定涡旋轮外侧，由于曲柄的转动，气体由边缘吸入，并被封闭在月牙形容积内，随着接触线沿涡旋面向中心推进，月牙形容积逐渐缩小而压缩气体。高压气体则通过固定涡旋盘上的轴向中心孔排出。在曲轴的每一转中，都形成一个新的吸气容积，所以上述过程不断重复，整个过程是连续的，周而复始按顺序完成。

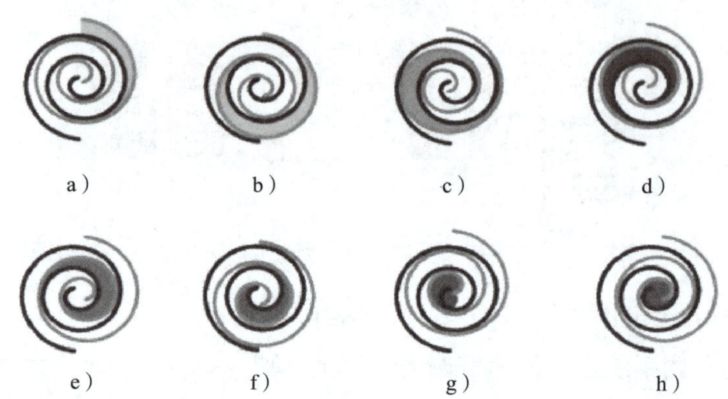

图 3-1-7　涡旋式压缩机的工作过程一

a）吸气　b）吸气终止　c）压缩　d）再压缩　e）进一步压缩　f）压缩终了　g）排气　h）排气终了

2. 冷凝器

冷凝器的作用是把压缩机排出的高温高压气态制冷剂通过冷凝器，将热量散发到车外空气中，变成高温高压的液态制冷剂。冷凝器的安装位置如图 3-1-8 所示，大多布置在车头前部、侧面或车底，安装在散热器前面，或与散热器安装在同一垂直平面上。冷凝器有管片式、管带式及平行流式三种结构形式。

（1）管片式冷凝器

管片式冷凝器的结构如图 3-1-9 所示，由管和散热片组成。它是用胀管法将铝翅片胀紧在紫铜管上，管的端部用 U 形弯头焊接起来。管片式冷凝器的散热效率较低，制造工艺简单，一般用在大中型客车的制冷装置上。

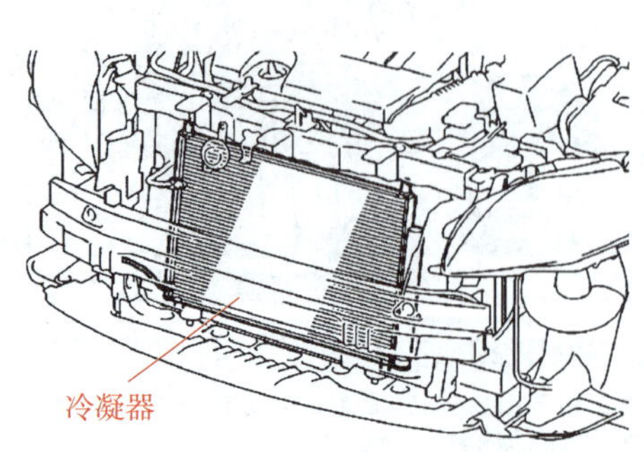

图 3-1-8　冷凝器的安装位置

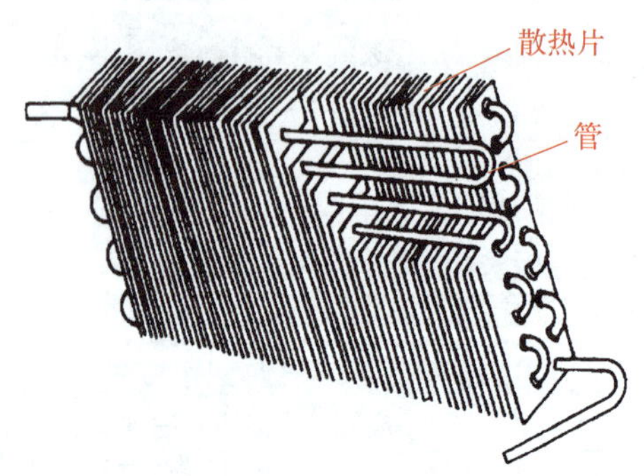

图 3-1-9　管片式冷凝器的结构

（2）管带式冷凝器

管带式冷凝器的结构如图 3-1-10 所示，它由管和散热带组成，是将扁平管弯成蛇形管，在其中安置散热带，然后在真空加热炉中将管带间焊好。这种冷凝器的传热效率比管片式冷凝器高 15%~20%，一般用在小型汽车的制冷装置上。

（3）平行流式冷凝器

平行流式冷凝器的结构如图 3-1-11 所示，也是一种管带式结构。它由圆筒集流管、铝质内肋扁平管、波形散热翅片及连接管组成。在两条集流管间用多条扁管相连，并用隔片隔成若干组，进口处管道多，并逐渐减少每组管道数，实现了冷凝器内制冷剂温度及流量分配均匀，提高了换热效率，降低了制冷剂在冷凝器中的压力损耗。与管带式冷凝器相比，其放热性能提高了 30%~40%，通路阻力降低了 25%~33%，内容积减少了 20%，大幅度地提高了其放热性能，是目前较先进的一种汽车空调冷凝器。

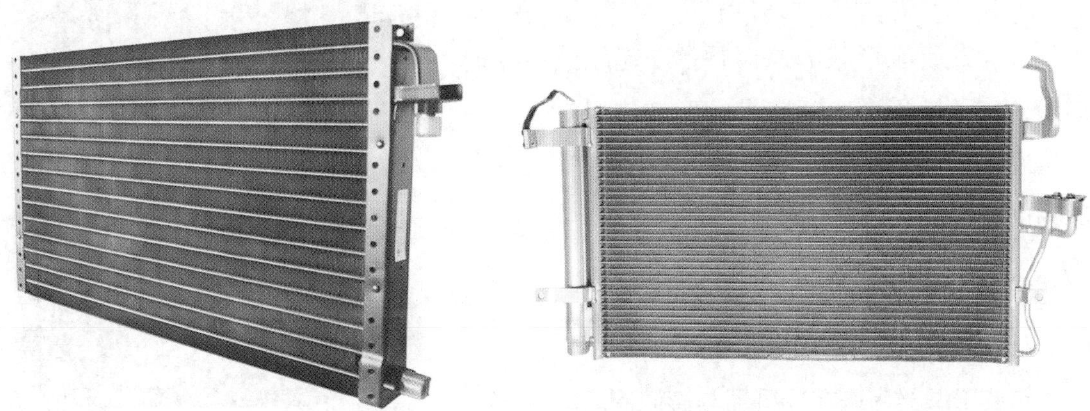

图 3-1-10 管带式冷凝器的结构　　图 3-1-11 平行流式冷凝器的结构

3. 蒸发器

蒸发器的作用是让低温低压的液态制冷剂在其管道中吸热蒸发，使蒸发器和周围空气的温度降低。蒸发器通常安装在仪表板后的风箱内，有管片式、管带式和层叠式三种结构。

（1）管片式蒸发器

管片式蒸发器的结构如图 3-1-12 所示，它由铜质或铝质圆管套上铝翅片组成，经胀管工艺使铝翅片与圆管紧密接触。管片式蒸发器的结构简单、加工方便，但其换热效率较差。

（2）管带式蒸发器

管带式蒸发器的结构如图 3-1-13 所示，它由多孔扁管与蛇形散热铝带焊接而成。

管带式蒸发器的制造工艺比管片式蒸发器更为复杂，换热效率比管片式蒸发器提高了10%左右。

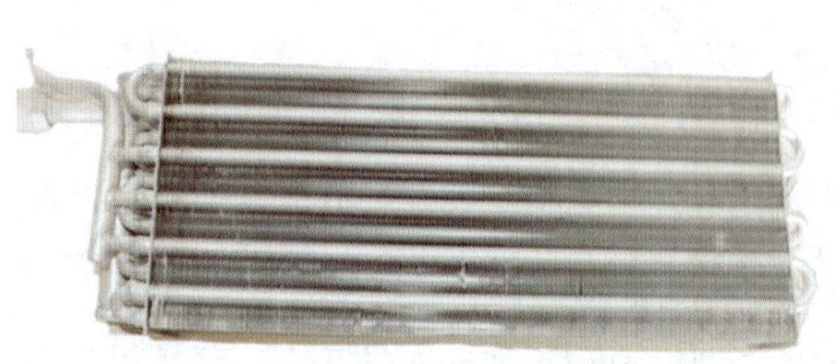

图 3-1-12　管片式蒸发器的结构

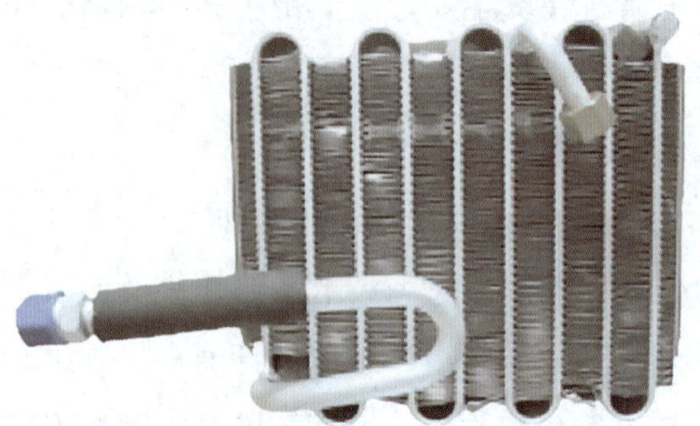

图 3-1-13　管带式蒸发器的结构

（3）层叠式蒸发器

层叠式蒸发器的结构如图 3-1-14 所示，它由两片冲成复杂形状的铝板叠在一起组成制冷剂通道，每两片通道之间夹有蛇形散热铝带。层叠式蒸发器的加工难度最大，但其换热效率也最高，结构也最为紧凑，应用比较广泛。

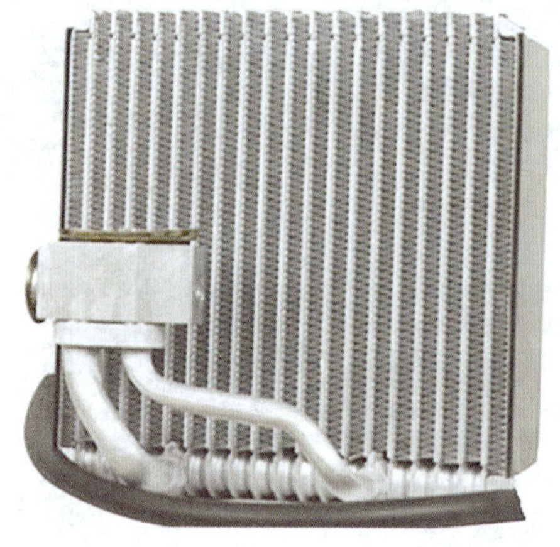

图 3-1-14　层叠式蒸发器的结构

4. 储液干燥器

（1）储液干燥器的作用

储液干燥器串联在冷凝器与膨胀阀之间的管路上，起储存、干燥和过滤制冷剂中杂质的作用。

1）储存。储液干燥器能储存液化后的高压液态制冷剂，根据制冷负荷的需求，随时供给蒸发器，同时还可补充制冷系统微量渗漏的制冷剂损失。

2）干燥。储液干燥器能防止水分在制冷系统中造成冰堵。水分主要来自新添加的润滑油和制冷剂中的微量水分。当这些水分通过节流装置时，水分容易凝结成冰而堵塞系统。

3）过滤。储液干燥器可以过滤制冷系统中的杂质。制冷系统在制造与维修时会带入一定的杂质；制冷剂和水混合后也会腐蚀金属而产生一些杂质。这些杂质容易使系统堵塞，同时加剧压缩机的磨损。

（2）储液干燥器的结构和工作原理

储液干燥器的结构如图 3-1-15 所示。从冷凝器来的液态制冷剂，经过滤网和干燥剂除去杂质和水分后进入膨胀阀。在储液干燥器上方的观察窗可以观察制冷剂的流动情形，从而判断系统中制冷剂量是否正常。为了保证系统安全工作，目前使用的储液干燥器上都安装了高低压保护开关。

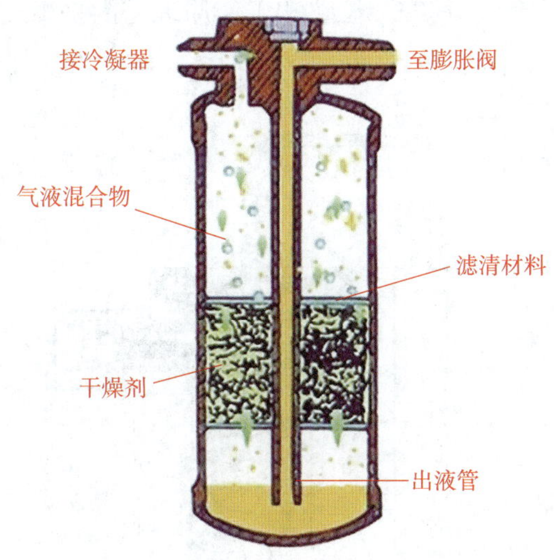

图 3-1-15 储液干燥器的结构

5. 膨胀阀

（1）膨胀阀的作用

1）节流降压。膨胀阀使从冷凝器来的高温高压液态制冷剂节流降压成为容易蒸发的低温低压雾状制冷剂进入蒸发器，是制冷剂高压侧和低压侧的分界点。

2）自动调节。制冷剂流量由于制冷负荷的改变以及压缩机转速的改变，要求制冷剂流量做出相应的改变，以保持车室内温度稳定。膨胀阀能自动调节进入蒸发器的制冷剂流量，以满足制冷循环要求。

3）防止液击和过热。膨胀阀可以控制制冷剂流量，防止制冷剂过多进入压缩机而造成“液击”现象，同时又能防止制冷剂过少而使制冷系统过热。

（2）膨胀阀的结构及工作原理

常用的膨胀阀有热力膨胀阀和 H 形膨胀阀，热力膨胀阀有外平衡式和内平衡式两种形式。

1）内平衡式热力膨胀阀的结构及工作原理。如图 3-1-16 所示，内平衡式热力膨胀阀安装在蒸发器的进口管上，感温包安装在蒸发器的出口管上，根据蒸发器出口温度调整进口管的制冷剂流量，以满足蒸发器热负荷变化的需要。

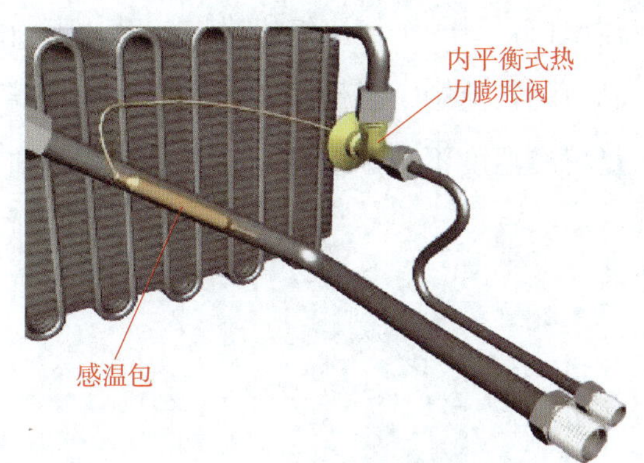

图 3-1-16 内平衡式热力膨胀阀的安装位置

内平衡式热力膨胀阀的结构如图 3-1-17 所示，感温包内加注制冷剂，与膜片上方通过毛细管相连，感受蒸发器出口温度的变化，膜片下方通过内平衡孔与膨胀阀进口相通，感受进口制冷剂压力。如果空调负荷增加，蒸发器出口的温度就会升高，感温包内的气体压力上升，使阀门的开度加大，制冷剂的流量就会增加。反之，空调负荷减小时，制冷剂的流量随之减小。

2）外平衡式热力膨胀阀的结构及工作原理。外平衡式热力膨胀阀的结构如图 3-1-18

所示，其安装位置和工作原理与内平衡式热力膨胀阀基本相同，区别是：膜片下面通过外平衡管与蒸发器出口相通，感受出口制冷剂压力。

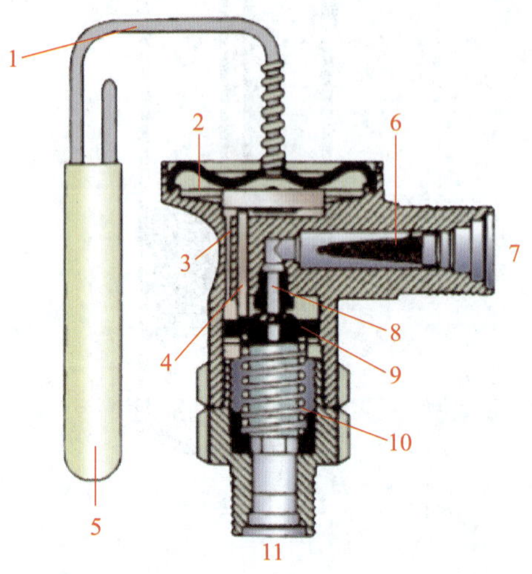

图 3-1-17　内平衡式热力膨胀阀的结构

1—毛细管　2—膜片　3—内平衡孔　4—顶杆
5—感温包　6—滤网　7—进口　8—节流孔
9—阀芯　10—弹簧　11—出口

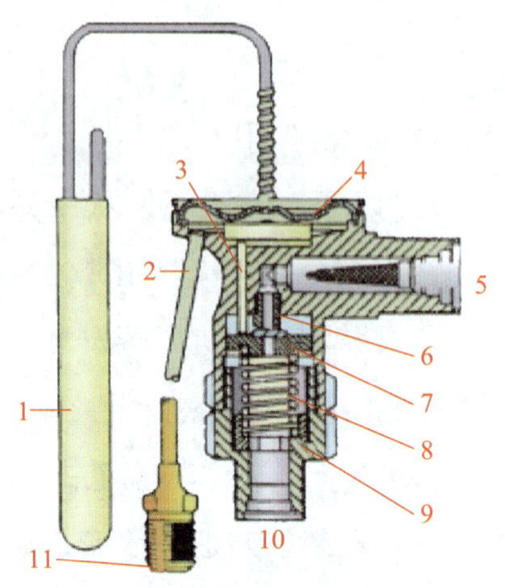

图 3-1-18　外平衡式热力膨胀阀的结构

1—感温包　2—外平衡管　3—顶杆　4—膜片
5—进口　6—节流孔　7—阀芯　8—弹簧
9—弹簧座　10—出口　11—外平衡管接口

3）H 形膨胀阀的结构及工作原理。H 形膨胀阀是一种整体式膨胀阀，其外形及结构如图 3-1-19 和图 3-1-20 所示，它取消了外平衡式膨胀阀的外平衡管和感温包，直接与蒸发器进出口相连。其内部通路形同字母“H”，有四个接口，其中两个接口与普通膨胀阀一样，一个接储液干燥器出口，另一个接蒸发器进口；另外两个接口，一个接蒸发器出口，另一个接压缩机进口。膜片下面的感温元件处于从蒸发器出口到压缩机入口的制冷剂气流中，感受蒸发器温度，从而调整进入蒸发器的制冷剂量。H 形膨胀阀的特点是感应温度不受环境影响，不存在因毛细管而造成的时间滞后，提高了调节灵敏度。北

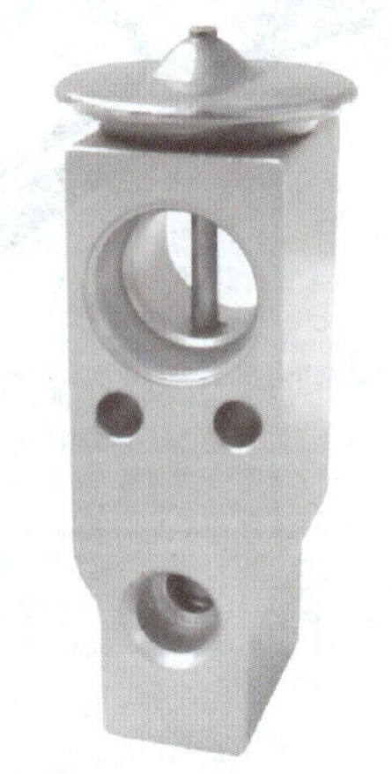

图 3-1-19　H 形膨胀阀的外形

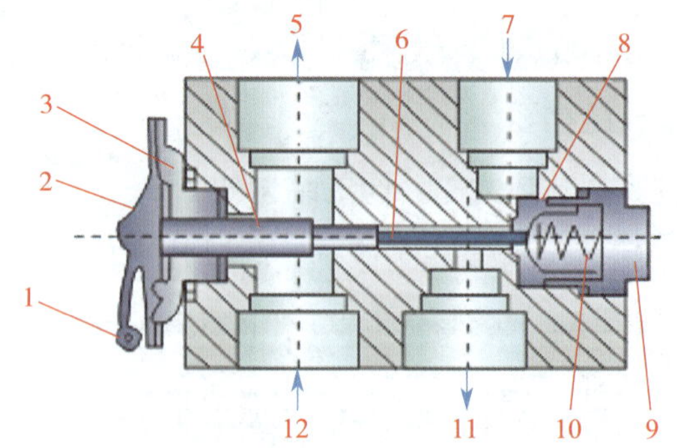

图 3-1-20　H 形膨胀阀的结构

1—敏感元件　2—膜盖　3—膜片　4—顶杆　5—去压缩机
6—传动杆　7—从冷凝器来　8—球阀　9—弹簧座
10—弹簧　11—进蒸发器　12—从蒸发器来

汽 EV160 电动汽车空调系统中的膨胀阀就用了 H 形膨胀阀。

二、电动空调系统主要部件的拆装

1. 压缩机的拆装

（1）电动空调压缩机的连接

北汽 EV160 电动汽车空调压缩机高低压线束连接及制冷剂进出口的位置如图 3-1-21 所示。其中，在部分车型上高低压插接件安装在驱动控制模块的上方，在部分车型上高低压插接件安装在驱动控制模块的前面，如图 3-1-22 所示。

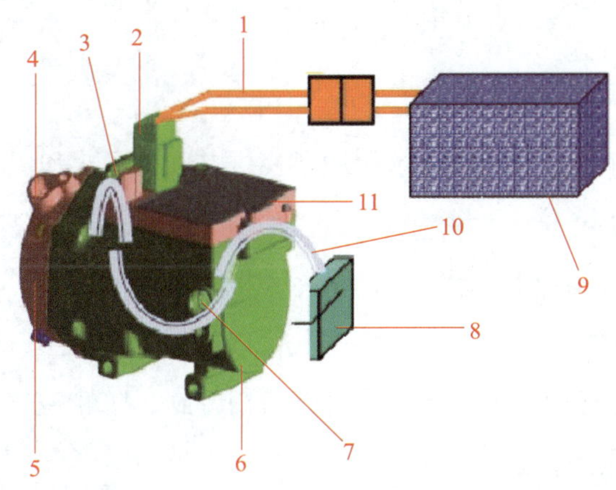

图 3-1-21 电动空调压缩机的连接

1—直流高压电源线 2—高压插接件 3—低压插接件 4—压缩机排气口 5—压缩机盖 6—压缩机本体 7—压缩机吸气口 8—传输线 9—车辆主控制箱 10—传输线束 11—驱动控制器

（2）电动空调压缩机的拆装

拆装电动空调压缩机前，要保证作业场所通风良好并配置灭火设备。北汽 EV160 电动汽车空调压缩机的拆装步骤为：

图 3-1-22 电动空调压缩机高低压插接件的位置

1）按规范步骤进行整车断电操作。

2）用制冷剂回收加注机进行制冷剂和冷冻机油的回收作业。

3）拔下低压插接件插头。

4）拔下高压插接件插头。

5）松开压缩机进气管螺母并迅速将进气管口密封，防止空气进入进气管。

6）松开压缩机排气管螺母并迅速将排气管口密封，防止空气进入排气管。

7）松开三个压缩机固定螺栓。

8）取下压缩机。

9）更换新压缩机后，按规定力矩拧紧压缩机固定螺栓。

10）迅速取下新压缩机上进气口密封罩和进气管口密封罩。

11）安装进气管螺母并按规定力矩拧紧。

12）迅速取下新压缩机上排气口密封罩和排气管口密封罩。

13）安装排气管螺母并按规定力矩拧紧。

14）插上高压插接件插头。

15）插上低压插接件插头。

北汽 EV160 电动汽车空调压缩机拆装完毕。

2. 冷凝器的拆装

拆装空调冷凝器前，要保证作业场所通风良好并配置灭火设备。北汽 EV160 电动汽车冷凝器的拆装步骤为：

（1）用制冷剂回收加注机进行制冷剂和冷冻机油的回收作业。

（2）松开冷凝器进气管螺母并迅速将进气管口密封，防止空气进入进气管。

（3）松开冷凝器排气管螺母并迅速将排气管口密封，防止空气进入排气管。

（4）松开冷凝器固定螺栓。

（5）取下冷凝器。

（6）更换新冷凝器后，按规定力矩拧紧冷凝器固定螺栓。

（7）迅速取下冷凝器上进气口密封罩和进气管口密封罩。

（8）安装进气管螺母并按规定力矩拧紧。

（9）迅速取下新冷凝器上排气口密封罩和排气管口密封罩。

（10）安装排气管螺母并按规定力矩拧紧。

北汽 EV160 电动汽车冷凝器拆装完毕。

思考与练习

1. 膨胀阀的作用是什么？主要有哪些类型？

2. 北汽 EV160 电动汽车空调压缩机由哪些部件组成？

3. 简述电动压缩机的拆装步骤。

课题小结

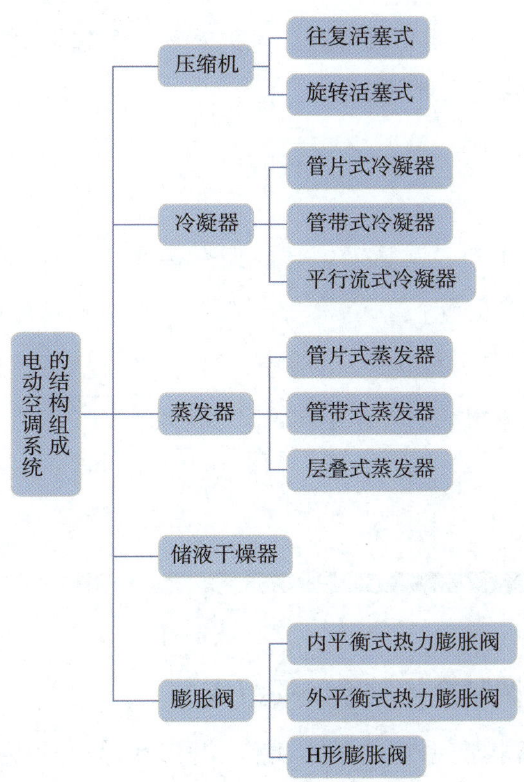

课题二 | 电动汽车空调制冷控制系统检测与修复

学习目标

1. 了解电动汽车空调制冷控制系统的组成及工作原理。
2. 熟悉电动压缩机及控制线路的检测。
3. 掌握电动压缩机不工作的故障点查找与维修。
4. 掌握电动汽车空调制冷控制系统故障检测与排除的方法。

●**任务描述**

一辆EV160电动汽车到4S店维修，客户反映打开空调后发现空调不制冷，请维修人员排查故障，恢复空调制冷功能。

●**任务分析**

造成汽车空调不制冷的原因有很多，如空调系统中制冷剂不足（多为渗漏造成，渗漏点多发生在冷凝器、蒸发器、高电压检测接头、膨胀阀接口处、压缩机等部位），也有可能是空调压缩机不工作以及空调控制模块故障等。这就需要了解电动汽车空调制冷系统的组成及工作原理，熟悉电动压缩机的高低压线路走向，掌握其检测与维修方法。

相关理论

一、电动汽车空调制冷控制系统的组成

电动汽车空调制冷控制系统的基本工作过程为：信号输入单元→电子控制单元（ECU）→执行器。通过信号输入单元检测汽车工作中的一些信息，如车内、车外、导风管及环境日照辐射的温度和压缩机工况等，并将其检测到的信息以相应的物理量如电阻、电压、电流等传送到ECU中，经分析、比较、运算等处理，再由执行器完成相应工作，其组成如图3-2-1所示。

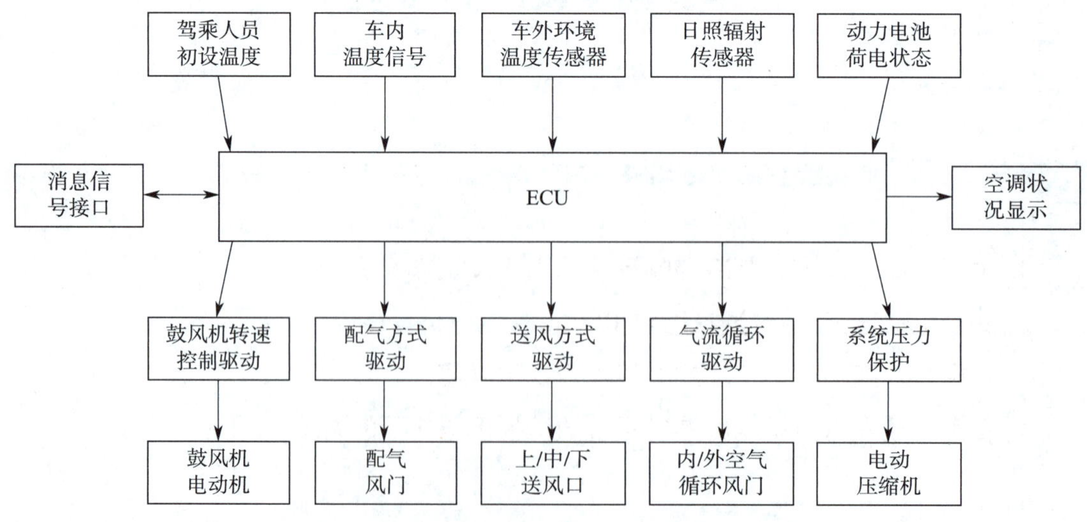

图3-2-1 电动汽车空调制冷控制系统的组成

1. 信号输入单元

信号输入单元包括车内温度传感器、车外温度传感器、太阳能传感器、蒸发器温度传感器、空调压缩机转速传感器、加热器温度传感器、烟雾通风传感器、空调压力传感器开关、PTC 加热器温度传感器、压缩机转速传感器、各风门电动机的位置传感器或开关以及空调控制键等。其作用是将温度、空调系统压力等物理量转变为电信号（如热敏电阻的阻值变化）并输入到 ECU 中。具体的输入信号有四类：车内、车外及太阳辐射温度信号；驾乘人员设定的温度及模式选择信号；蒸发器温度及风门位置信号；压缩机工况信号（转速、高压、低压及工作温度等）。

（1）车内温度传感器

车内温度传感器也称室内温度传感器，是自动空调的重要传感器之一，它的作用是检测车内温度是否达到设定值，以控制空调系统的工作。它会影响出风口空气的温度、鼓风机的转速、进气门的位置以及模式门的位置等。它通常安装在仪表板后面的吸气装置内。自动空调系统所采用的车内温度传感器都采用负温度系数的热敏电阻，也就是热敏电阻随着温度的升高，电阻会减小；随着温度的降低，电阻会增大。

由于车内温度传感器安装位置比较封闭，为了准确及时地测量车内平均温度，必须采用强制通风装置，将车内空气强制导向车内温度传感器。按照强制导向气流方式不同，车内温度传感器可分为吸气型车内温度传感器和电动机型车内温度传感器。

吸气型车内温度传感器在车上的位置如图 3-2-2 所示。通过一根抽风管连接车内温度传感器与空调，当鼓风机开始工作时，空气快速流过所产生的负压将少量空气吸入，并流过车内温度传感器。

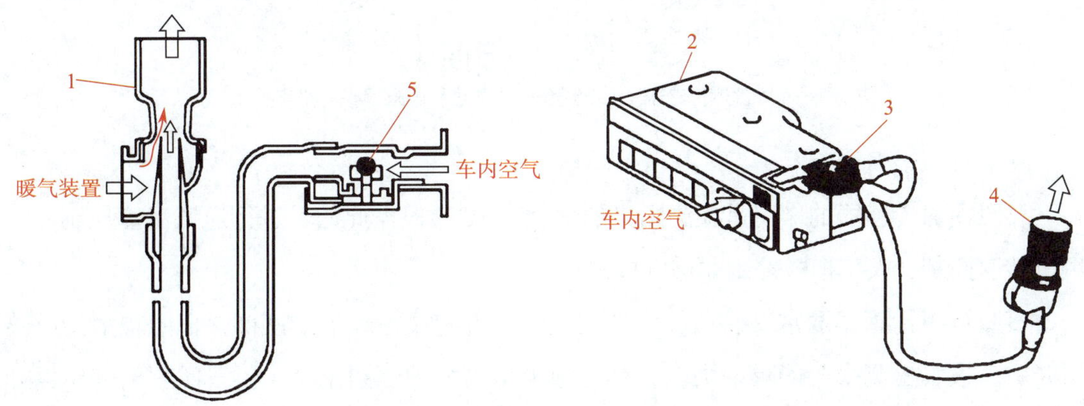

图 3-2-2 吸气型车内温度传感器在车上的位置

1、4—吸气器 2—暖风装置控制板 3—传感器 5—热敏电阻

电动机型车内温度传感器如图 3-2-3 所示，它是通过 ECU 控制的电动机带动一个小风扇进行强制通风，风扇工作产生吸力，使车内空气流过传感器。

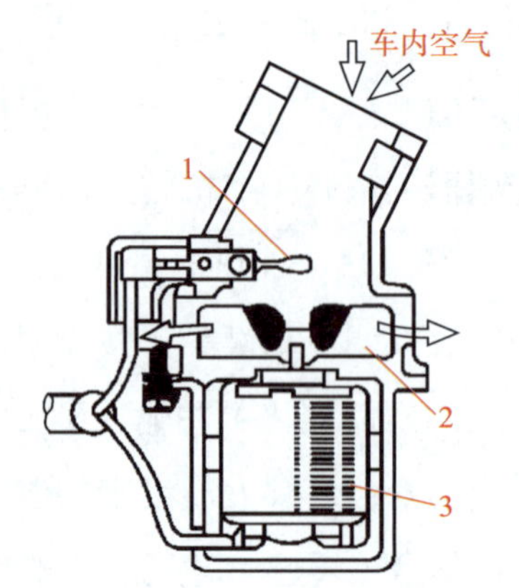

图 3-2-3 电动机型车内温度传感器
1—热敏电阻 2—风扇 3—电动机

（2）车外温度传感器

车外温度传感器也称环境温度传感器、外界空气温度传感器或大气温度传感器。它的作用是检测车外温度并提供给 ECU，ECU 根据车内外温度信号对比，确定混合门的位置来调节冷暖风比例，从而决定出风口的空气温度；确定鼓风机的转速，从而决定出风口的风量；确定进气门的位置，从而影响车内空气的温度与新鲜度；决定压缩机是否工作。车外温度传感器一般安装在前保险杠内或散热器之前，如图 3-2-4 所示。

由于车外温度传感器极易受到环境（散热器温度、前面车辆的排气等）影响，为此一般将车外温度传感器包在一个注塑料树脂壳内，避免受到环境温度突然变化的影响，使其能准确地检测到车外的平均气温，也可以在 ECU 内部设置防假输入电路。

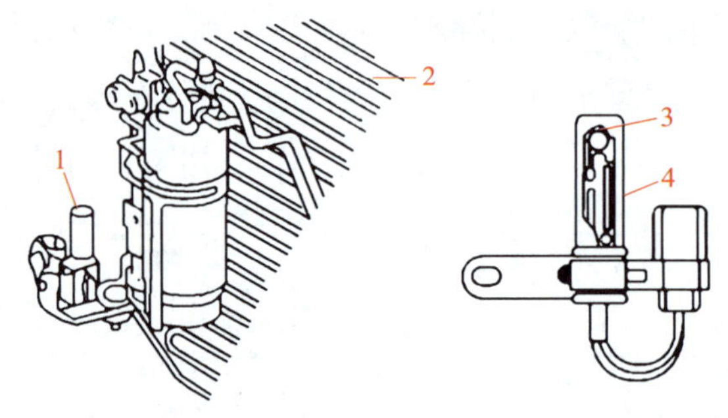

图 3-2-4 车外温度传感器
1—车外温度传感器 2—冷凝器 3—热敏电阻 4—树脂壳

（3）日照辐射传感器

日照辐射传感器的作用是检测阳光的强度，ECU 根据此信号进行送风温度控制、鼓风机转速控制、人工模式控制和进气模式控制。

日照辐射传感器通常安装在仪表台上方，靠近前风窗玻璃的底部。日照辐射传感器用光敏二极管检测太阳能辐射强度，其光敏电阻与太阳辐射量有关。日照辐射传感器如图 3-2-5 所示。

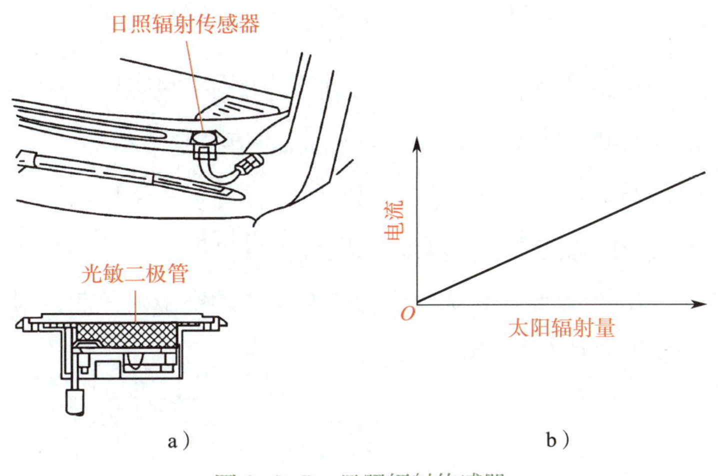

图 3-2-5 日照辐射传感器

a）安装位置 b）特性

（4）蒸发器温度传感器

电动汽车空调制冷控制系统的蒸发器温度传感器安装在蒸发器的表面，采用的是负温度系数的热敏电阻。其作用是检测蒸发器表面的温度，修正混合门位置，调节车内温度；控制压缩机，防止蒸发器表面结冰。有些车型有两个蒸发器温度传感器，一个用来修正混合门位置，另一个用来防止蒸发器表面结冰，如图 3-2-6 所示。

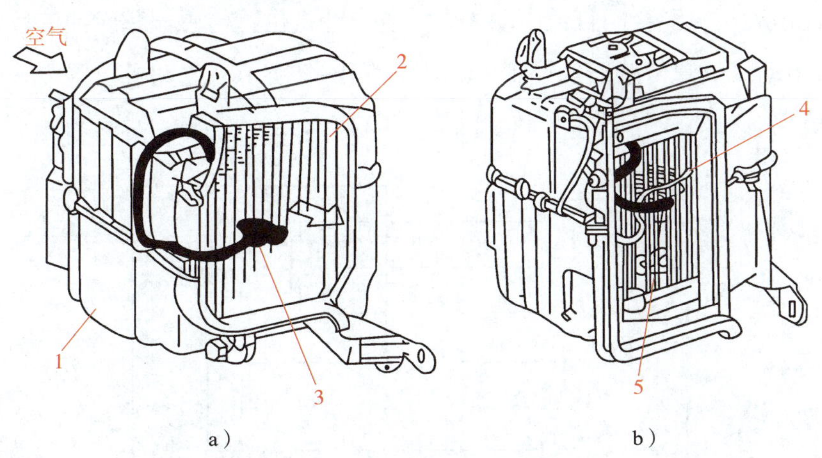

图 3-2-6 蒸发器温度传感器

a）普通空调蒸发器温度传感器 b）自动空调蒸发器温度传感器

1—冷气装置 2—蒸发器 3—蒸发器温度传感器 4—热敏电阻（用于除霜设备）

5—蒸发器温度传感器（用于汽车空调器）

（5）空调压力传感器

空调压力传感器安装在高压管路上，其作用是检测制冷管路系统压力，当压力过低或过高时，ECU 控制压缩机停止工作；当压力达到某一中等压力时，冷凝器散热风扇高速旋转。

2. ECU

ECU 也叫微电脑或单片机，与操纵面板制成一体，可根据各种传感器的输入信号，经电子线路对车室内温度、送风量及制冷压缩机等进行控制。

控制器分为两种类型：一种采用集成电路（IC），另一种采用计算机。这些控制器通常被称为系统放大器、自动空调放大器或空调器。

采用 IC 控制的自动空调系统称为放大器控制型自动空调器，而采用计算机控制的自动空调系统称为计算机控制型自动空调器。

3. 执行器

（1）混合门电动机

混合门电动机用来驱动混合门，改变进入车内的冷气和热气的比例，调节车内的空气温度。ECU 根据设定温度、车内温度传感器、车外温度传感器、太阳能传感器、蒸发器温度传感器、空气混合门电动机位置传感器等信号，自动调节混合门位置。一般来说，设定温度越低，车内温度越高，车外温度越高，阳光越强，蒸发器温度越高，混合门就越接近“全冷”位置。

混合门电动机分为直流电动机、步进电动机、内含微芯片的伺服电动机三种。

1）直流电动机。混合门直流电动机有内置电动机位置传感器和脉冲信号定位电动机两种。内置电动机位置传感器的控制电路如图 3-2-7 所示，电动机位置传感器位于直流电动机内部。

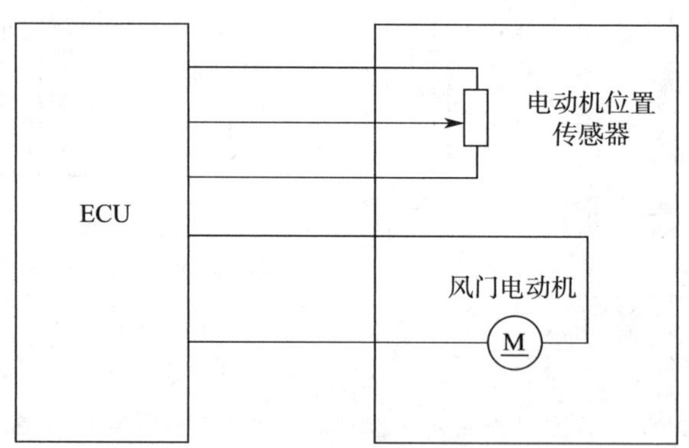

图 3-2-7　内置电动机位置传感器的控制电路

ECU 通过计算风门控制回路的脉冲确定风门位置。风门电动机转动时，电刷会在两个换向器接触时短路，由此产生的电压波动会引起脉冲信号。ECU 检测压降，并根据内部电阻检测脉冲，以此确定风门电动机位置。

2）步进电动机。由于步进电动机具有自定位功能，无混合门电动机位置传感器。

3）内含微芯片的伺服电动机。按照电动机与 ECU 连接方式的不同，内含微芯片的伺服电动机可分为总线连接型和无总线连接型。图 3-2-8 所示为总线连接型内含微芯片的伺服电动机。

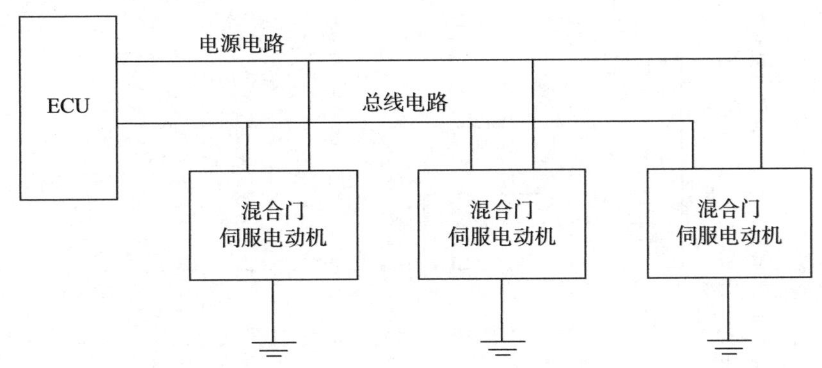

图 3-2-8 总线连接型内含微芯片的伺服电动机

（2）鼓风机

通过调节鼓风机转速控制送风速度，调节室内空气降温或升温速度，可以实现自动控制、预热控制、时滞控制、鼓风机启动控制、车速补偿、极速控制和手动控制等功能。

1）自动控制。当按下 AUTO 按钮时，ECU 进行鼓风机转速自动控制。一般来说设定温度越低、车内温度越高、车外温度越高、阳光越强、蒸发器温度越高，鼓风机转速就越高。

2）预热控制。在冬季，当车辆长时间停放后，若启动汽车后马上打开鼓风机，此时吹出的风是冷风而不是想要的暖风。鼓风机要在 PTC 加热器芯温度升高时才能逐步转向正常工作。

鼓风机进行预热控制时，按下控制面板上的 AUTO 按钮，将工作模式设为 FOOT（吹脚）或 BI-LEVEL（双通道：吹脚和吹脸），ECU 根据 PTC 加热器温度传感器检测 PTC 加热器芯温度，当 PTC 加热器芯温度低于 30 ℃时，鼓风机不工作；当 PTC 加热器芯温度高于 30 ℃时，鼓风机正常运转。

3）时滞控制。在夏季，当汽车长时间停驻在高温环境下时，若启动汽车后马上打开鼓风机，此时吹出的风是热风而不是想要的冷风。这说明鼓风机不能马上工作，而是滞后一段时间，等蒸发器温度降低后才工作。

当汽车启动后，压缩机已工作，控制面板 AUTO 按钮按下，工作模式设置在 FACE 或 BI-LEVEL 时，ECU 对鼓风机的时滞控制过程如下：

当蒸发器温度高于 30 ℃时，在压缩机接通后，ECU 控制鼓风机电动机断开 4 s，等待冷风装置内的空气冷却降温。此后 ECU 控制鼓风机低速运转 5 s，使冷却的空气送至车室内，如图 3-2-9 所示。

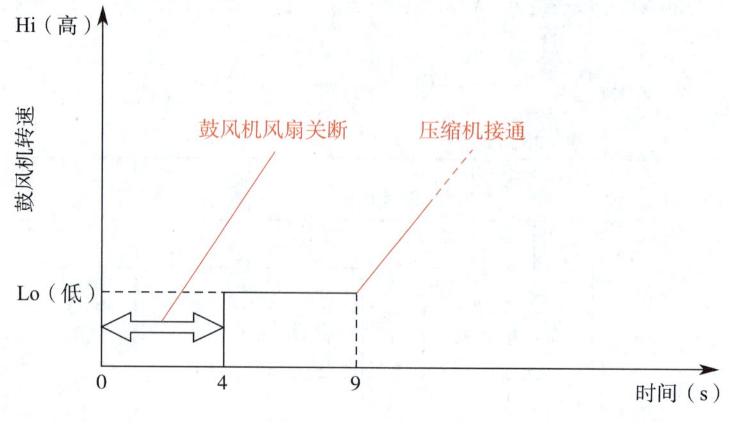

图 3-2-9　时滞控制（蒸发器温度高于 30 ℃）

当蒸发器温度低于 30 ℃时，压缩机接通后，ECU 控制鼓风机低速运转 5 s，如图 3-2-10 所示。

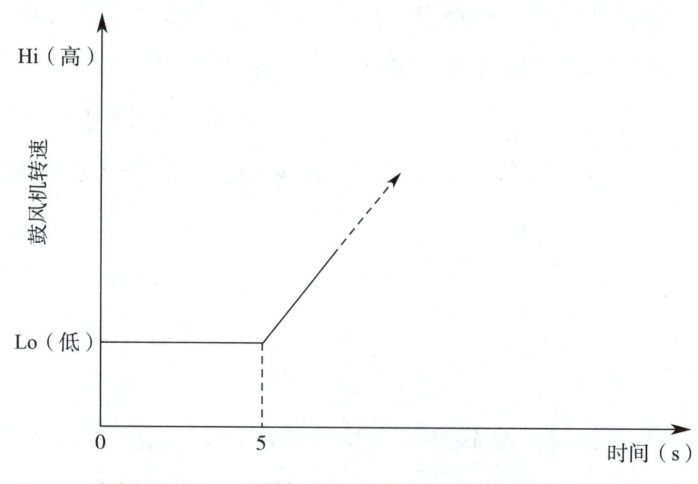

图 3-2-10　时滞控制（蒸发器温度低于 30 ℃）

4）鼓风机启动控制。鼓风机在启动时的工作电流会比稳定时的工作电流大很多，为了防止烧坏鼓风机控制装置，不论鼓风机目标转速是多少，在鼓风机启动时先低速运转，然后才逐步升高至目标转速。

5）车速补偿。车速高时，车外迎面风冷却力度强，这时可适当降低鼓风机的转速，使之与汽车行驶时具有一样的感觉。

6）极速控制。当设定温度处于最低温度（18 ℃）或最高温度（32 ℃）时，有些车型的鼓风机转速会固定为高速运转。

7）手动控制。ECU 根据控制面板手动开关的操作信号，将鼓风机驱动信号送至功率晶体管，从而控制鼓风机的转速。

（3）模式门电动机

模式门电动机用于驱动模式门，调节出风口出风方式，实现送风方向控制，提高舒适性。在自动模式中，模式门一般有吹脸、双通道（吹脸、吹脚）、吹脚、除雾等出风方式。ECU 根据传感器信号按照“头冷脚热”的原则，自动调节模式风门的位置。一般来说，随着设定温度降低、车内温度升高、车外温度升高或阳光增强，模式门就由吹脚位置、双通道向吹脸位置转动，同时控制面板上相应的吹脸指示灯、双通道指示灯和吹脚指示灯点亮。

（4）进气门电动机

通过进气门电动机可以调节进入车厢的新鲜空气量，实现进气模式控制，使车内空气温度和质量达到最佳。在自动模式中，ECU 根据传感器信号自动调节进气门的位置。一般来说，随着设定温度降低、车内温度升高、阳光增强，进气门就由 FRESH（新鲜空气）位移至 RECIRC（再循环）位，反之就由 RECIRC（再循环）位移至 FRESH（新鲜空气）位，同时控制面板上相应的 FRESH（新鲜空气）指示灯和 RECIRC（再循环）指示灯点亮。

该控制系统还有一种新鲜空气强制进气控制功能，当手动按下 DEF 开关时，将进气方式强制改为 FRESH 方式，以清除风窗玻璃上的雾气。除此之外，有些进气模式控制还可改变新鲜空气与循环空气的混合比例。

（5）电动压缩机

电动压缩机为空调系统提供动力，当空调系统工作时，电动压缩机使制冷剂在制冷系统中正常循环流动以实现制冷。一旦电动压缩机有故障不能正常工作，空调循环系统无法运行，就无法制冷了。因此压缩机就像汽车的发动机、人体的心脏，是空调系统动力的源泉。图 3-2-11 所示为纯电动汽车空调压缩机的外部结构，压缩机及其控制器连接在一起，形成整体结构。

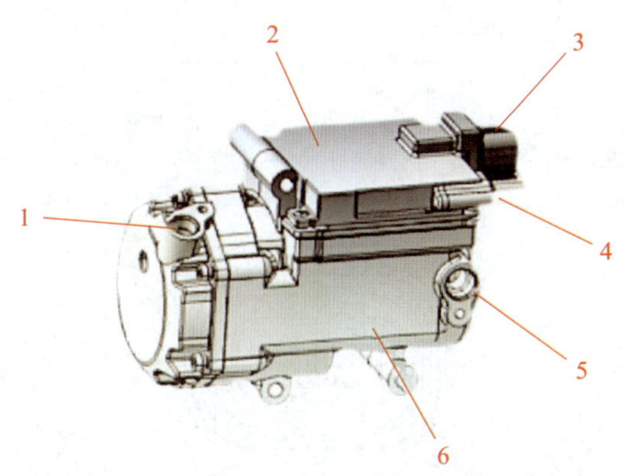

图 3-2-11　纯电动汽车空调压缩机的外部结构

1—压缩机排气口　2—驱动控制器　3—高压插接件　4—低压插接件　5—压缩机吸气口　6—压缩机本体

图 3-2-12 所示为电动汽车空调压缩机电路原理。

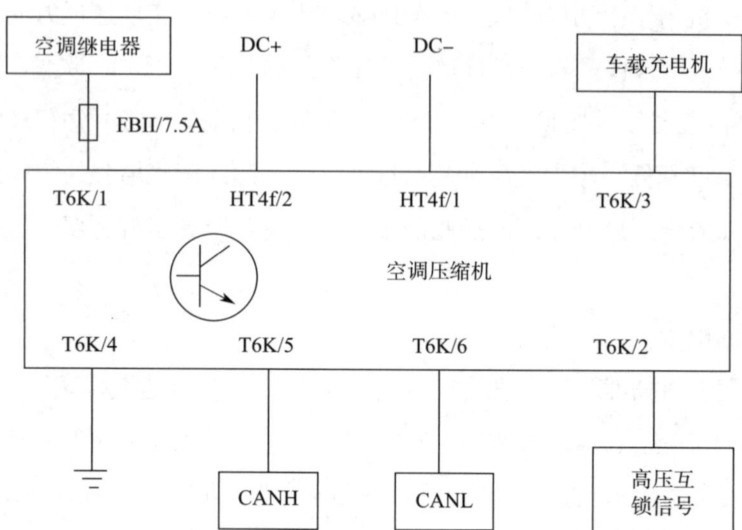

图 3-2-12 电动汽车空调压缩机电路原理

空调继电器控制压缩机 12 V 低压电源保证了空调压缩机控制器的通信信号传输及控制功能。VCU 通过数据总线 CANH、CANL 与空调压缩机控制器相连接，再由压缩机控制器控制空调压缩机的高压电源线 DC+ 与 DC- 通断。高压互锁信号线在高压通电前确保整个高压系统的完整性，使高压电处于一个封闭的环境下，提高了安全性。空调压缩机的高压线束与低压线束相互独立，线束的各个端子定义如图 3-2-13 和图 3-2-14 所示，其中高压端子 B 与 DC+ 对应，为高压电源正极；高压端子 A 与 DC- 对应，为高压电源负极。

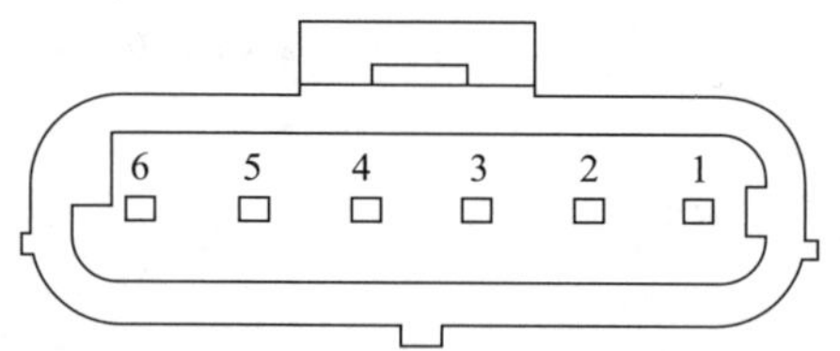

图 3-2-13 电动压缩机低压连接器

1—空调继电器 2、3—互锁信号 4—接地 5—CANH 6—CANL

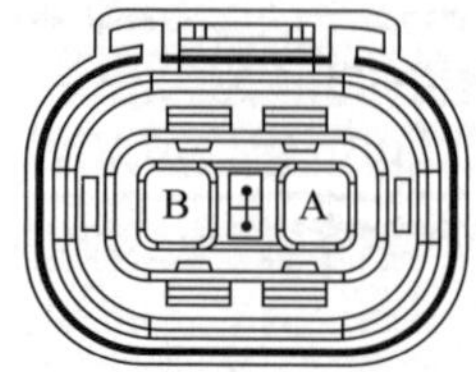

图 3-2-14 电动压缩机高压连接器

A—高压电 - B—高压电 +

由于电动汽车空调系统采用压缩机为电动压缩机，其本身具有调速功能，所以其控制系统与传统空调压缩机控制系统有明显不同。

1）占空比控制。图 3-2-15 所示为电动压缩机占空比控制原理。电动压缩机控制器根据 VCU 传来的 A/C 信号、冷暖选择信号、鼓风机信号以及各种传感器传来的车内温度、车外温度、蒸发器温度等参数，自动控制电动压缩机电动机的转速，从而调节蒸发器表面温度，并防止蒸发器表面结冰，达到调节空调制冷量的目的。

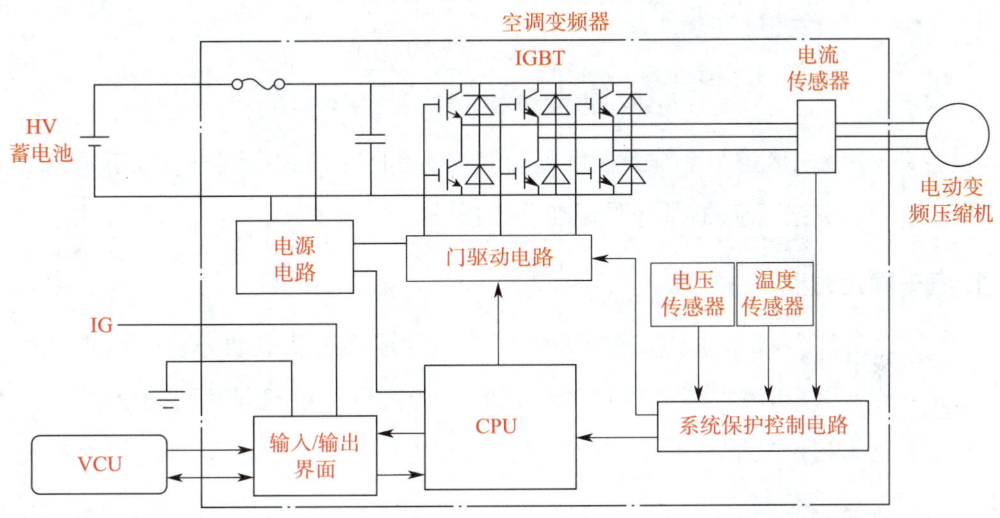

图 3-2-15 电动压缩机占空比控制原理

2）欠电压、过电压保护。当动力蓄电池电压过低、低于 260 V±5 V 时，驱动控制器将自动切断电路，以保护动力蓄电池与电动压缩机。在不重启电动压缩机的情况下，若电源电压回升至 275 V±5 V，电动压缩机会自动重新启动。

当动力蓄电池电压过高、高于 380 V±5 V 时，驱动控制器将自动切断电路，以保护动力蓄电池与电动压缩机。

3）过电流保护。当电路中电流过高时，驱动控制器将自动切断电力，以避免电流过大对电动压缩机及驱动控制器造成损坏。

4）低温保护。当车外温度低于某值（3 ℃或 8 ℃）时，电动压缩机停止工作，降低电动压缩机的损耗。

二、电动汽车空调制冷控制系统的工作原理

电动汽车空调制冷控制系统原理如图 3-2-16 所示，VCU 采集到空调 A/C 开关信号、空调压力开关信号、蒸发器温度信号、风速信号以及环境温度信号，经过运算处理形成控制信号，通过 CAN 总线传输给空调控制器，由空调控制器控制空调压缩机高压电路的通断。

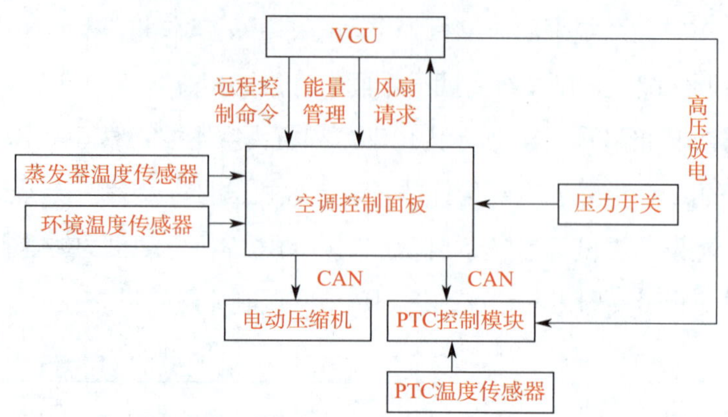

图 3-2-16　电动汽车空调制冷控制系统原理

电动汽车空调制冷控制系统会根据电动汽车的实际工况进行调整，以下是电动汽车在不同工况下时，空调制冷控制系统的工作情况。

1. 汽车静止时

当汽车静止时，VCU 通过 CAN 总线从电池管理系统获取动力蓄电池的信息，根据动力蓄电池 SOC 和最大可放电功率来判断电动空调压缩机是否可以运转。一般来说当动力蓄电池剩余电量小于 5% 或者最大可放电功率小于 6 kW 时，空调系统不能使用。

在空调的使用过程中，当动力蓄电池剩余电量小于 3% 或者最大可放电功率小于 5 kW 时，VCU 会关闭空调，以防止动力蓄电池过放电。

2. 汽车行驶中

当汽车行驶时，VCU 判断车辆续航里程是否低于某一预设值（通常为 30 km），若低于该数值，则 VCU 通过仪表对驾驶员进行提示，提示驾驶员可通过关闭空调系统来延长续航里程。

3. 汽车充电时

当汽车充电时，VCU 根据电池管理系统 CAN 总线获取动力蓄电池剩余电量，考虑到若车辆在充电时开启空调，动力蓄电池剩余电量有可能会降低，为防止动力蓄电池因空调系统工作而造成过放电，当动力蓄电池剩余电量低于 10% 时，禁止使用空调。

三、电动汽车空调制冷系统的控制模式

VCU 根据从温度调节旋钮采集到的信号、A/C 开关信号和循环模式开关信号来控制空调的工作模式。具体控制过程如下：

1. 当 A/C 开关和循环模式开关均未被按下或温度调节旋钮处于中间状态时，VCU 不对压缩机与 PTC 加热器进行控制，此时空调处于待机状态。

2. 当 A/C 开关被按下时，VCU 会通过 CAN 总线向压缩机控制器发送使能命令与转速值，其中转速值是 VCU 根据温度调节旋钮确定的冷暖风门位置计算而来的。压缩机的转速值与冷暖风门位置呈非线性关系，温度调节旋钮越偏向制冷侧，压缩机转速就越高。

3. 当仅有循环模式开关被按下时，VCU 会通过 CAN 总线向 PTC 控制器发送使能命令与 PTC 加热器的工作功率值。其中 PTC 加热器的工作功率值是 VCU 根据温度调节旋钮所确定的冷暖风门位置计算而来的。PTC 加热器的工作功率值与冷暖风门位置呈非线性关系，温度调节旋钮越偏向制热侧，PTC 加热器的工作功率值就越高。

4. 当 A/C 开关和循环模式开关均被按下时，VCU 判断这两个按钮哪个先被按下，并以先按下的按钮为准对空调进行控制。另外，若 A/C 开关和循环模式开关同时被按下，则 VCU 控制空调处于待机状态，直到其中一个按钮的按下状态消失。

5. 若连续按动 A/C 开关时，VCU 会判断距离上次关闭的时间是否大于 30 s，若满足该条件，则 VCU 向压缩机发出使能命令以保护压缩机。

四、电动汽车空调制冷控制系统常见故障诊断与处理

1. 电动压缩机及控制线路的检测

进行电动压缩机维修时，有高压触电的危险，操作前一定要穿橡胶绝缘鞋，戴绝缘手套，严格按照高压电的操作规范进行。

举升汽车，拆下电动压缩机低压连接器及高压连接器，识别压缩机低压连接器及高压线束，如图 3-2-17 所示。

图 3-2-17 电动压缩机低压连接器及高压连接器

（1）接地线、CAN 总线的测量

将点火开关置于“OFF”状态，断开空调压缩机低压连接器，分别测量接地线、CAN 总线。

1）接地线的测量。用万用表测量低压连接器4号脚与车身之间的电阻（见图3-2-18），其正常电阻应不超过1 Ω。如果电阻为无穷大，则故障为接地线断路。若接地线有故障，压缩机控制器无法控制压缩机工作。

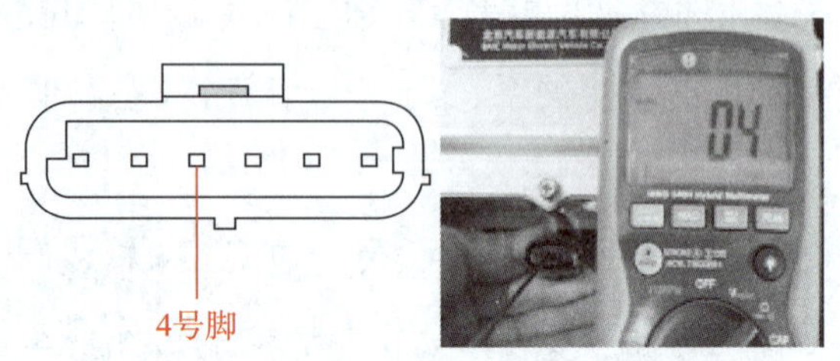

图3-2-18　接地线的测量

2）电动压缩机CAN总线电阻的测量。用万用表测量低压连接器5号脚（CANH）与6号脚（CANL）之间的电阻（见图3-2-19），其电阻约为60 Ω。若电阻为无穷大，则故障为CANH与CANL之间断路。若电阻接近于0，则可能为CANH与CANL之间短路，或与其连接的相关部件有短路现象。

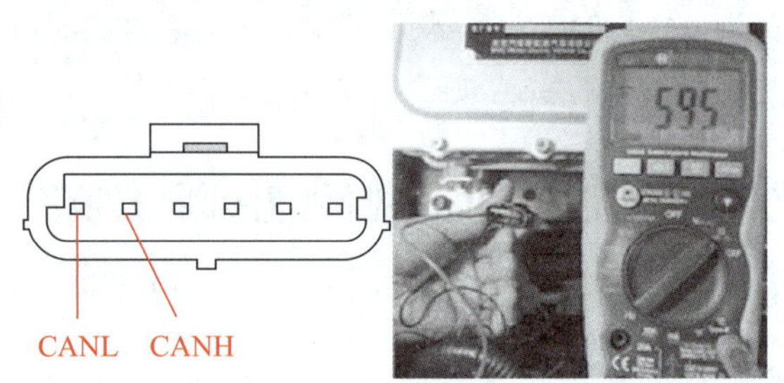

图3-2-19　CAN总线电阻的测量

3）电动压缩机CAN总线的接地短路测量。用万用表分别测量低压连接器5号脚（CANH）与车身、6号脚（CANL）与车身之间的电阻（见图3-2-20），电阻值应为无穷大。若电阻接近于0，则故障为导线有接地现象。导线接地短路往往是由于导线绝缘老化、磨损而导致导线的金属直接与车身相通。

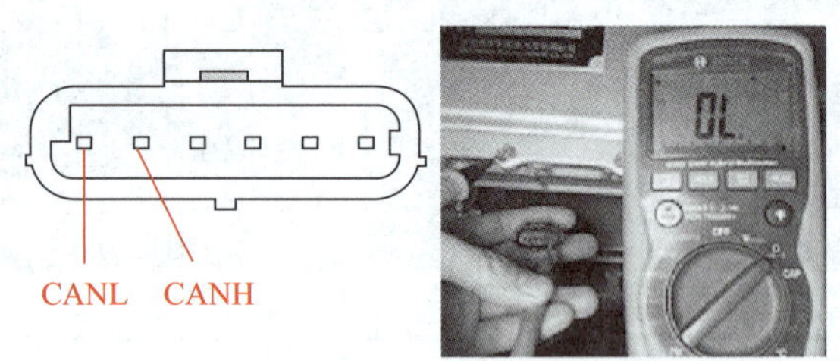

图3-2-20　CAN总线的接地短路测量

（2）压缩机高压互锁信号线的测量

用万用表测量空调压缩机低压接口内部2号脚与3号脚之间的电阻（见图3-2-21），

电阻值应小于 1 Ω。如果电阻为无穷大，则故障为线路断路。

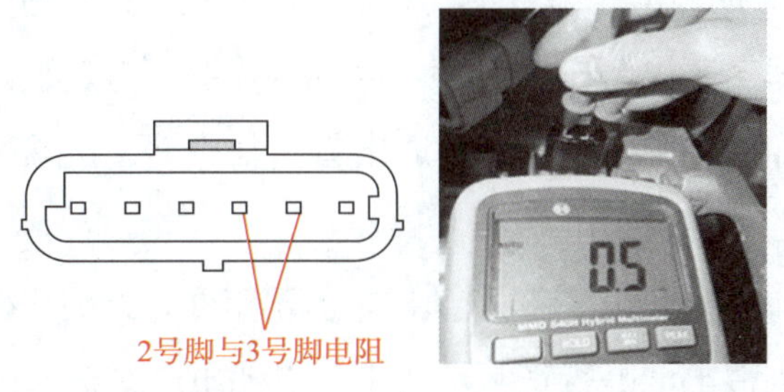

图 3-2-21 高压互锁测量

（3）12 V 低压电源线的测量

将点火开关旋至“ON”挡，用万用表测量低压连接器 1 号脚的直流电压（见图 3-2-22），电压应为 9～14 V。如果测得电压为零，则检查 FBII/7.5A 熔丝和空调继电器。若熔丝及空调继电器良好，那么检查低压连接器 1 号脚与 FBII/7.5A 熔丝之间是否断路。

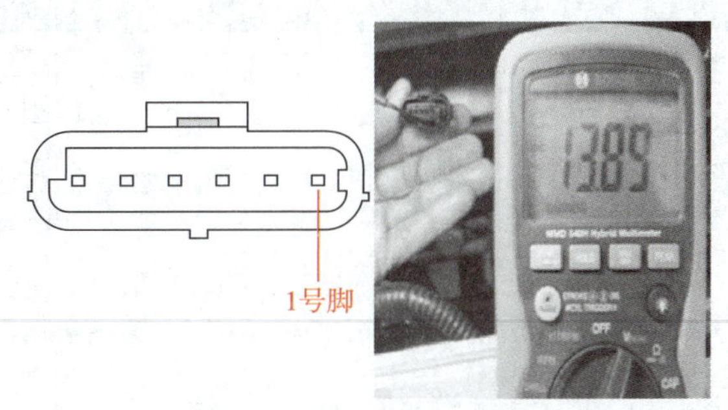

图 3-2-22 低压电源线的测量

（4）空调压缩机高压线 A、B 线电流的测量

连接空调压缩机低压连接器，把点火开关旋至“ON”挡，打开空调 A/C 开关，把鼓风机风量开至最大，用数字钳形表分别测量 A 线和 B 线的电流，电流应为 1～1.5 A。若电流为零，检查动力蓄电池高压线连接器以及高压控制盒高压线束连接器，如果连接器正常，则为空调压缩机内部控制器故障。

2. 电动压缩机无法启动时压缩机及控制系统的检修

当启动电动压缩机后，听不到电动压缩机工作运转的声音，而且仪表板上电源电流无变化。若有上述两种情况，可以断定电动压缩机不能正常启动。

电动压缩机无法正常启动时的检修步骤如下：

（1）检查鼓风机是否正常工作，如果鼓风机不工作，则重点检查 A/C 开关及其导线，使其工作正常。

（2）重新打开空调，观察仪表板电源电流是否有变化。

1）如果有变化，说明电动压缩机及其驱动控制器正常，此时先保证冷凝器风扇正常工作，保证驱动控制器高压电路连接良好，然后用歧管压力表组读取高低压侧压力，判断制冷剂是否过量。如果制冷剂过量，则放出适量制冷剂，再继续读取高低压侧压力值直至正常。

2）如果无变化，说明电动压缩机驱动控制器不工作。此时先保证驱动控制器低压电源连接正常，然后检查蓄电池是否正常。如果蓄电池电压过低，则对蓄电池充电并检查 DC/DC 变换器是否正常工作，最后检查高压盒中电动空调熔丝是否烧毁。如果熔丝烧毁，则更换熔丝。

（3）若电动压缩机损坏，应更换电动压缩机。

电动压缩机无法正常启动时的故障检修见表 3-2-1。

表 3-2-1　电动压缩机无法正常启动时的故障检修

故障现象	故障类别	故障原因	检测及排除措施
压缩机未启动或电源电流无变化	驱动控制器不工作	DC 12 V 控制电源未通入驱动控制器	检查控制电源到驱动控制器之间的导线是否断路
		控制电源电压不足或超压	测量控制电源电压是否达到要求（9～15 V）
		插接件端子接触不良或松脱	检查驱动控制器控制电源插头端子是否松脱
	驱动控制器工作正常	驱动控制器未接收到空调系统的 A/C 开关信号	检查 A/C 开关及其导线
		欠压保护启动	关闭整车主电源，检查压缩机供电
	压缩机不工作	压缩机卡滞、损坏	更换压缩机
启动时压缩机有轻微抖动，电源电流有变化，随后降为零	电动机过流保护	系统压差过大，使电动机负载过大，导致过流保护启动	回收多余制冷剂，保证冷凝器风机正常工作，待系统压力平衡后再次启动压缩机
		电动机缺相导致的过流保护启动	检查驱动控制器与电动机连接的三相插头及相关导线，保证其接触良好及导通

3. 压缩机工作不正常时压缩机及控制系统的检修

当压缩机工作不正常时，会听到电动压缩机发出异响。压缩机工作不正常时的故障检修见表 3-2-2。

表 3-2-2　压缩机工作不正常时的故障检修

故障现象	故障类别	故障原因	检测及排除措施
电动压缩机异响	制冷系统故障	系统压差过大使电动机负载过大，导致过流保护启动	保证冷凝器风机正常工作，待系统压力平衡后再次启动
	控制系统故障	电动机缺相导致的过流保护启动	检查驱动控制器与电动机连接的三相插头及相关导线，保证其接触良好及导通
	压缩机故障	缺少冷冻机油	加注冷冻机油

思考与练习

1. 电动汽车空调制冷控制系统是由哪几个部分组成的？
2. 电动空调压缩机控制与传统空调压缩机控制的区别是什么？
3. 检修电动空调压缩机时有哪些注意事项？

课题小结

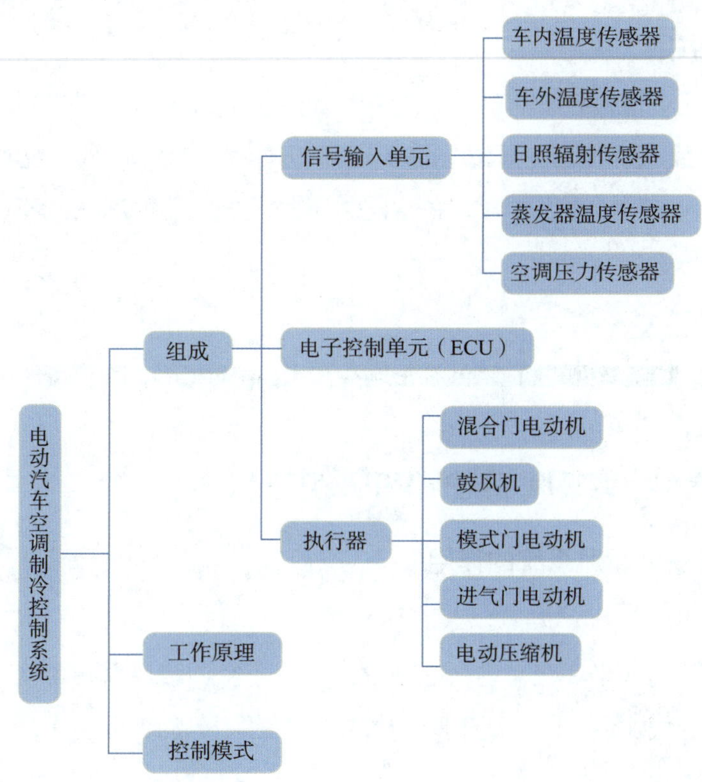

课题三 | 电动汽车空调暖风系统检测与修复

学习目标

1. 了解电动汽车空调暖风系统的作用及类型。
2. 掌握 PTC 加热器的分类、特性、传导方式及工作原理。
3. 掌握电动汽车空调暖风系统的故障诊断与排除方法。

●任务描述

一辆北汽 EV160 已行驶 15 000 km，客户反映打开空调暖风系统后温度异常，无法取暖。经维修人员检查发现 PTC 加热器损坏，需要更换 PTC 加热器。

●任务分析

电动汽车空调暖风系统有时会出现 PTC 加热器不工作、PTC 加热器过热等故障，要完成对类似故障的检测与维修，需要了解电动汽车空调暖风系统的类型，熟悉 PTC 加热器的分类、特性、传导方式及控制原理，掌握其检测与维修方法，从而完成故障诊断与排除。

相关理论

一、电动汽车空调暖风系统的作用及类型

1. 电动汽车空调暖风系统的作用

（1）冬季取暖

在寒冷的冬季，人坐在汽车内会感到寒冷。汽车空调暖风系统可将车内空气或送入车内的外部新鲜空气加热，以提高车厢内的温度，使乘员感到舒适。

（2）调节车内温度

现代汽车空调系统的空调器已采用冷暖一体化的形式，利用加热器和蒸发器一起将冷空气调节到人体所需要的舒适温度，以提高车内的舒适性。

（3）车窗玻璃除霜

在冬季或春秋季，由于车内外温差较大，车窗玻璃会起雾或结霜，影响驾驶员和乘员的视线，不利于行车安全。可通过汽车空调暖风系统吹出热风来除霜或除雾。

2. 电动汽车空调暖风系统的类型

电动汽车空调暖风系统与传统汽车空调暖风系统的区别是压缩机驱动方式发生了变化。电动汽车空调压缩机采用电驱动的方式，而传统汽车空调绝大多数采用发动机驱动。在暖风实现的形式上，电动汽车空调暖风系统通常是利用电加热的方式来产生暖风。电动汽车空调暖风系统有以下三种类型：

（1）热泵式

图 3-3-1 所示为电动汽车热泵式空调系统，主要由电动压缩机、单向阀、四通换向阀、节流装置（双向热力膨胀阀）、室内换热器、室外换热器和气液分离器等组成。

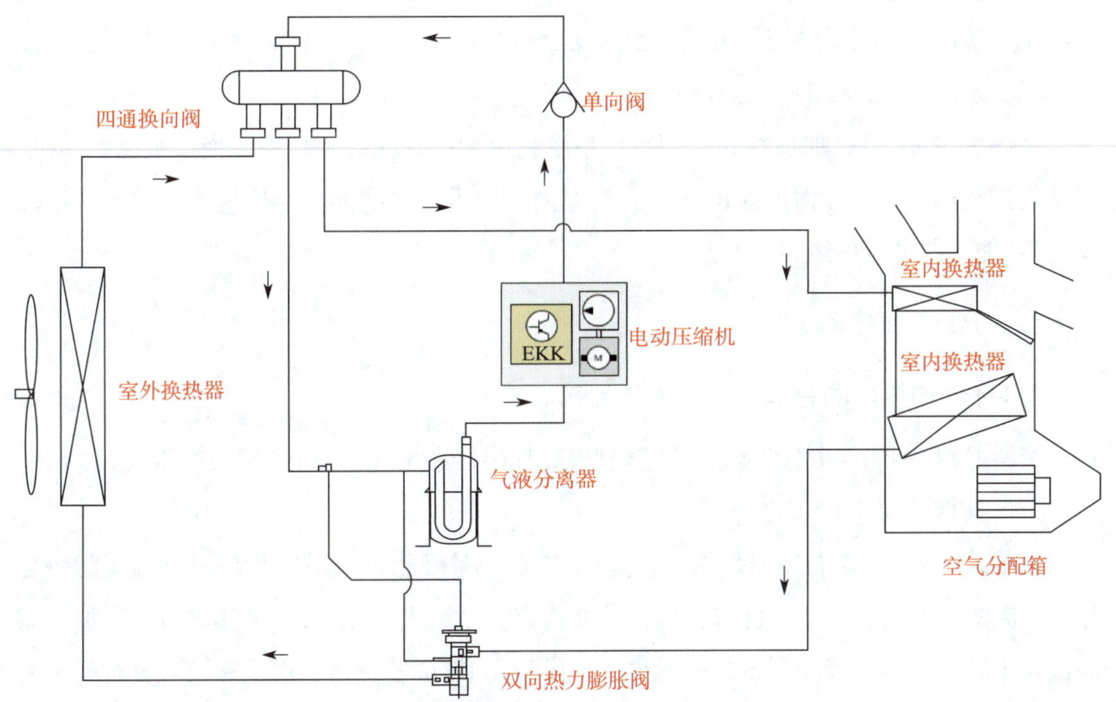

图 3-3-1　电动汽车热泵式空调系统

在制冷模式下，电动压缩机出口排出的高温高压制冷剂气体经单向阀、四通换向阀进入室外换热器，在室外换热器内向外界空气放热，冷凝为高温高压的制冷剂液体，流经双向热力膨胀阀进行节流降压，节流后制冷剂变为低温低压的制冷剂蒸气进入室内换热器，吸收室内空气热量，以达到降低车厢内温度的目的，最后从室内换热器排出的低温低压制冷剂经四通换向阀、气液分离器被电动压缩机吸入气缸，进行下一个制冷循环。

在制热模式下，从电动压缩机出口排出的高温高压制冷剂气体经单向阀、四通换向阀进入室内换热器，向车内空气放热，以达到提升车厢内温度的目的，制冷剂放热后冷凝为低温高压的制冷剂液体，流经双向热力膨胀阀进行节流降压，节流后的制冷剂蒸气进入室外换热器与室外空气进行热交换，吸热后从室外换热器排出的低温低压制冷剂经四通换向阀、气液分离器被电动压缩机吸入气缸，进行下一个制热循环。

（2）PTC 加热器式

PTC 热敏电阻通常是用半导体材料制成的，按材质可分为陶瓷 PTC 热敏电阻和有机高分子 PTC 热敏电阻。PTC 热敏电阻因具有随环境温度高低的变化，其电阻值随之增加或减小的变化特性，所以 PTC 加热器具有节能、恒温、安全和使用寿命长等特点。

PTC 加热器式暖风系统又分为 PTC 加热器直接加热空气（又称 PTC 空气加热器）和 PTC 加热器加热水（又称 PTC 水暖加热器）两种形式。目前国内市场 PTC 空气加热器应用较为广泛，北汽 EV160 采用的就是该形式的暖风系统。PTC 水暖加热器采用得较少，采用该类暖风系统的常见车型为比亚迪 E5。

（3）余热 + 辅助 PTC 加热器式

余热 + 辅助 PTC 加热器式空调暖风系统利用大功率器件（功率变换、驱动电动机、电动机控制器等）工作时产生的热量，对车内环境进行热交换。当热量不足时，启用辅助 PTC 加热器进行加热。

二、PTC 加热器

1. PTC 加热器的分类

空调 PTC 加热器可分为黏结式陶瓷 PTC 加热器和金属 PTC 管状加热器两大类。

（1）黏结式陶瓷 PTC 加热器

黏结式陶瓷 PTC 加热器是将多个陶瓷 PTC 芯片及铝波纹散热片用耐高温树脂胶黏结在一起的加热器，其散热性好，电气性能稳定。黏结式陶瓷 PTC 加热器可分为加热器表面带电型和加热器表面不带电型两种。采用陶瓷 PTC 发热体制造的暖风机具有优异的调温与节能特性、极低的热惯性和无明火、无辐射的安全性、良好的抗振性等优点。丰田卡罗拉、凯美瑞等很多车型装备了黏结式陶瓷 PTC 加热器辅助加热暖风装置。北汽 EV160 空调暖风系统采用的也是黏结式陶瓷 PTC 加热器。

（2）金属 PTC 管状加热器

金属 PTC 管状加热器采用镍铁合金丝作为发热材料，发热管外镶铝散热片，其散热效果非常好。加热器配用温度控制器和热熔断器，使产品使用更为安全可靠。

2. PTC 加热器的特性

（1）电阻 - 温度特性

PTC 元件的电阻 - 温度特性是指在规定的测量电压下，额定零功率电阻 R_{25}（指环境温度 25 ℃条件下测得的零功率电阻值）与电阻自身温度之间的关系。图 3-3-2 所示为 PTC 元件的电阻 - 温度特性，图中 $T_c \sim T_p$ 的红色曲线部分为工作区间。

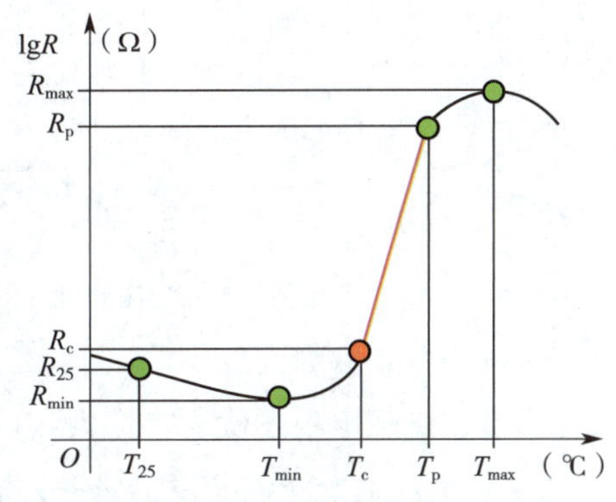

图 3-3-2　PTC 元件的电阻 - 温度特性

（2）电流 - 时间特性

PTC 元件的电流 - 时间特性是指当 PTC 元件两端加上额定工作电压时其电流与时间的关系，如图 3-3-3 所示。开始通电瞬间的电流称为起始电流，达到热平衡时的电流称为残余电流。在一定的环境温度下，给 PTC 热敏电阻加一个起始电流（保证是动作电流），通过 PTC 热敏电阻的电流降低到起始电流的 50% 时所经历的时间就是动作时间。

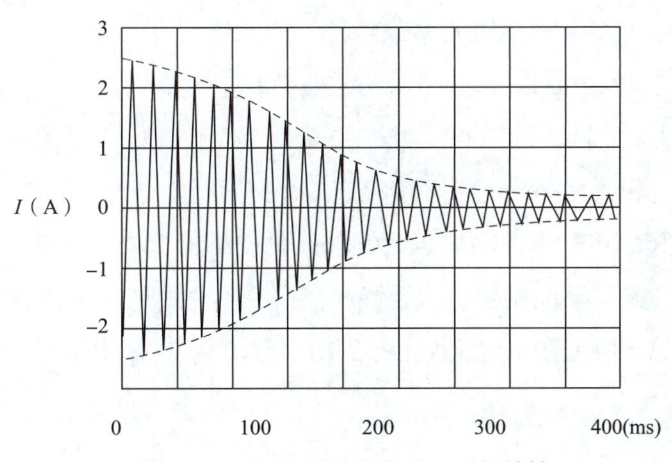

图 3-3-3　PTC 元件的电流 - 时间特性

（3）电压 - 电流特性

PTC 元件的电压 - 电流特性又称伏安特性，是指常温下 PTC 热敏电阻在加电气负载达到热平衡的情况下电压与电流的相互依赖关系，如图 3-3-4 所示。

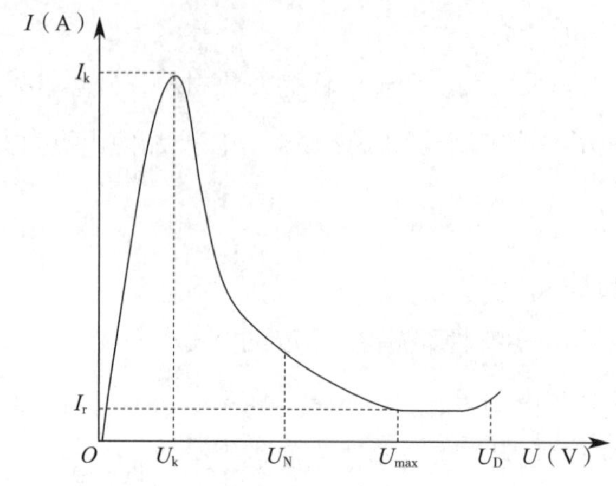

图 3-3-4 PTC 元件的电压 - 电流特性

I_k—外加电压 U_k 时的动作电流 I_r—外加电压 U_{max} 时的残余电流
U_{max}—最大工作电压 U_N—额定电压 U_D—击穿电压

PTC 热敏电阻的伏安特性大致可分为三个区域：

1）在 $0 \sim U_k$ 之间的区域称为线性区，此区间电压和电流的关系基本符合欧姆定律，不产生明显的非线性变化，也称不动作区。

2）在 $U_k \sim U_{max}$ 之间的区域称为跃变区，此时由于 PTC 热敏电阻的自热升温，电阻值产生跃变，电流随着电压的上升而下降，所以此区域也称为动作区。

3）在 U_D 以上的区域称为击穿区，此时的电流随着电压的上升而上升，PTC 热敏电阻的阻值呈指数下降，于是电压越高，电流越大，PTC 热敏电阻的温度越高，阻值反而降低，很快就导致 PTC 热敏电阻的热击穿。

伏安特性是过载保护 PTC 热敏电阻的重要参考特性。

（4）调温特性

PTC 加热器的输出功率会随着环境温度的升高而明显降低。从另一方面来讲，也可以理解为室温越低，PTC 输出功率越大，加热也就越迅速；随着室温升高，PTC 输出功率逐步下降，升温效果也就越趋于缓慢。在风量不变的情况下，当环境温度上升时，PTC 功率下降，这一特征在一定程度上起到功率自动调节的作用。

3. PTC 加热器的传导方式

（1）热传导

以热传导为主的 PTC 陶瓷加热器，其特点是通过 PTC 发热元件表面安装的电极板（导电兼传热）、绝缘层（隔电兼传热）、导热蓄热板（有的还附加有导热胶）等多层传热结构，把 PTC 元件发出的热量传导到被加热物体上。

（2）热对流

以所形成的热风进行对流式传热的各种 PTC 陶瓷加热器，其特点是输出功率大，并能自动调节吹出风温和输出热量。

（3）热辐射

PTC 陶瓷红外线热辐射加热器的特点是利用 PTC 元件或导热板表面迅速发出的热量，直接或间接地激发接触其表面的远红外涂料或远红外材料，使之辐射出红外线。

三、电动汽车空调暖风系统 PTC 加热器控制原理

以北汽 EV160 电动汽车空调暖风系统为例，其 HVAC 总成系统部件的安装位置如图 3-3-5 所示。HVAC 总成即供热、通风与空气调节部件。

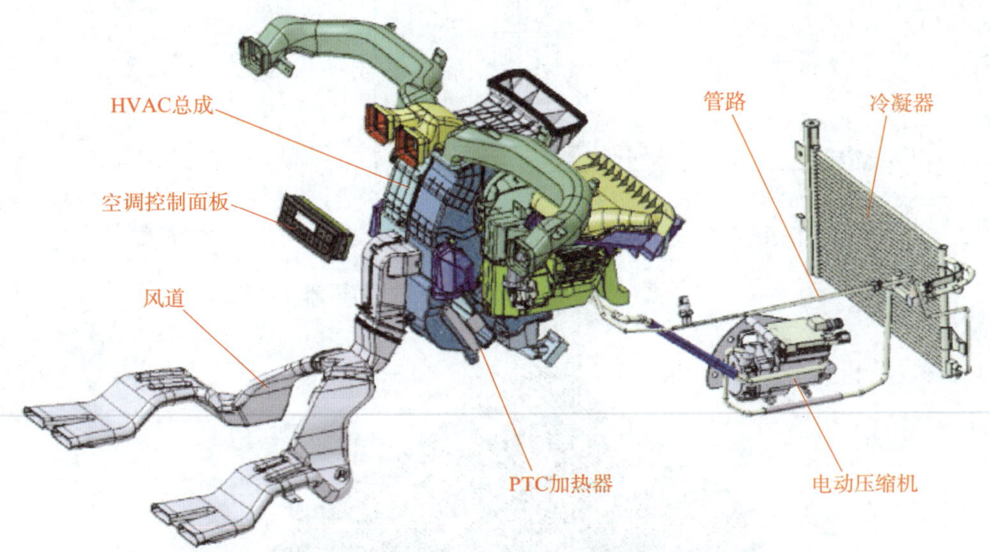

图 3-3-5 北汽 EV160 电动汽车空调系统部件的安装位置

北汽 EV160 电动空调 PTC 加热器控制原理如图 3-3-6 所示，PTC 控制器安装在高压盒内。打开点火开关后，空调继电器为压缩机控制器、PTC 控制器和 PTC 提供电源。PTC 控制器根据来自空调面板的暖风请求信号（CANH 和 CANL）以及温度传感器信号，发送两个 PTC 加热器芯片温度、PTC 驱动芯片温度、电流信号给整车控制器，整车控制器根据上述信号及动力蓄电池信息，进行系统运算、逻辑分析，从而控制 PTC 加热器工作，具有温度保护、过电流保护、欠电压保护、过电压保护等功能。

北汽 EV160 空调用 PTC 加热器如图 3-3-7 所示，其具有发热速度快、温度高且可控等优点，但耗电功率大，需 2 kW 以上，对汽车的续航能力有较大的影响。由于 PTC 本体温度相对较高，需周边结构配合为其提供空间，防止塑料件受热变形，同时 HVAC 总成内海绵及润滑脂易因高温产生异味。

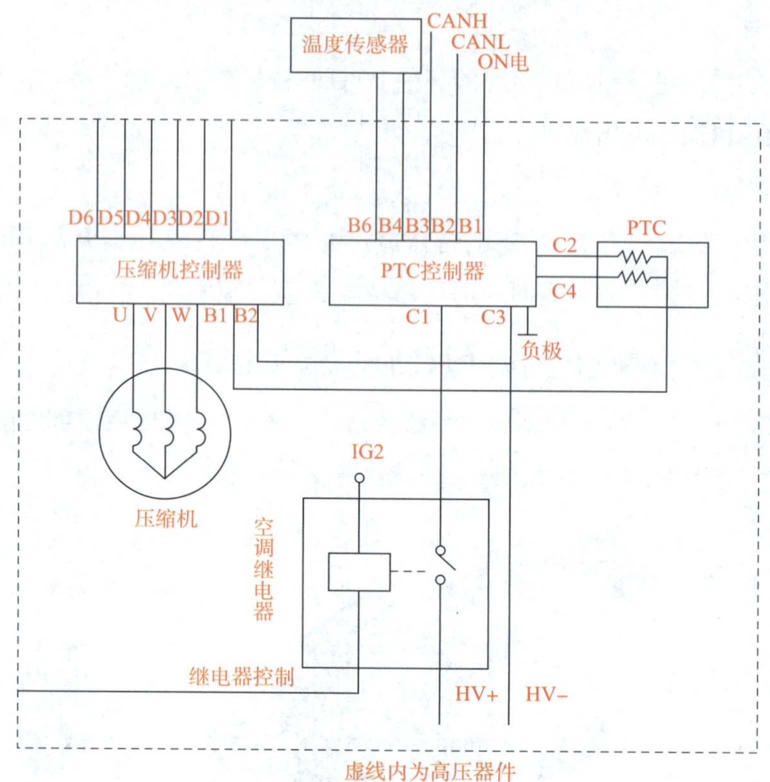

图 3-3-6 北汽 EV160 电动空调 PTC 加热器控制原理

图 3-3-7 北汽 EV160 空调用 PTC 加热器

北汽 EV160 电动空调暖风系统采用两级式控制，控制精度和乘员的舒适性都有所提高。北汽 EV160 PTC 加热器的结构示意如图 3-3-8 所示，由两组电热丝并联组成，单独控制，温度传感器检测加热本体的温度，控制 PTC 加热器导通和切断，高压熔丝用来防止 PTC 加热器失控引发火灾。PTC 加热器根据环境温度、自身温度、空调温度调节旋钮及动力蓄电池电压等控制自身两组电热丝的通断。

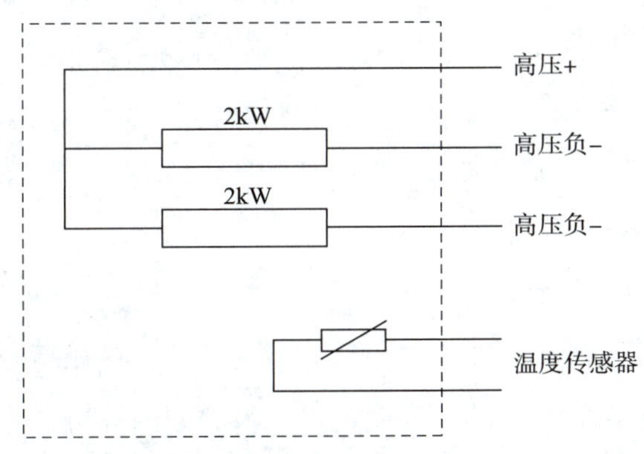

图 3-3-8 北汽 EV160 PTC 加热器的结构示意

四、电动汽车空调暖风系统的常见故障诊断与处理

1. 电动汽车空调暖风系统的故障排除流程

（1）确认操作正常无误。

（2）检查系统连接是否正常，是否存在插接件漏插现象。

（3）通过鼓风机有无风来判断 A/C 开关是否正常。

（4）检查高压熔丝（即高压输入 PTC 加热器）是否正常。

（5）以上故障诊断建议通过故障诊断仪进行，根据故障诊断仪提示故障码来排除故障。

2. 电动汽车空调暖风系统的常见故障

电动汽车空调暖风系统的常见故障见表 3-3-1。

表 3-3-1 电动汽车空调暖风系统的常见故障

故障现象	故障原因	检测及排除措施
PTC 加热器不工作，设置启动功能后仍为凉风	冷暖模式设置不正确	检查冷暖模式设置是否为较暖方向
	PTC 加热器本体断路	拔下高压附件线束，测量 PTC 加热器高压正负极间电阻是否正常
	PTC 加热器控制回路断路	拔下高压附件线束，测量 PTC 加热器高压正负极间是否导通
	PTC 加热器内部短路，烧毁高压熔丝	更换 PTC 加热器及高压熔丝
PTC 加热器过热，出风温度异常升高或能从空调出风口嗅到塑料焦煳气味	PTC 加热器控制模块损坏、粘连、不能正常断开	关闭制热功能，整车断电后检查 PTC 加热器及 PTC 加热器控制模块

3. PTC 加热器的检修

（1）PTC 加热器的拆卸

北汽 EV160 空调 PTC 加热器安装在仪表中控台后部。更换北汽 EV160 空调 PTC 加热器的步骤为：

1）关闭点火开关，拔下钥匙。

警告：正常情况下，在点火开关关闭后，高压系统还存在高压电，这是由于电动机控制器中高压电容的存在而造成的，需要经过一段时间的等待，高压电容中的电才能被完全释放。

2）打开前机舱，铺设翼子板布。

3）断开低压蓄电池负极，用绝缘胶带包裹蓄电池负极，防止虚接。再拔下 PDU（电力集成控制单元）低压插接件。

4）检查绝缘手套是否破损，戴上完好无损的绝缘手套后拔下 PDU 空调高压插头，如图 3-3-9 所示。将万用表旋至直流电压挡，用万用表检测 PDU 空调高压接线端子两端电压是否为 36 V 以下，如高于 36 V，应用专用放电工具进行放电，放电后再次用万用表检测，直至电压降至接近 0 左右，如图 3-3-10 所示。

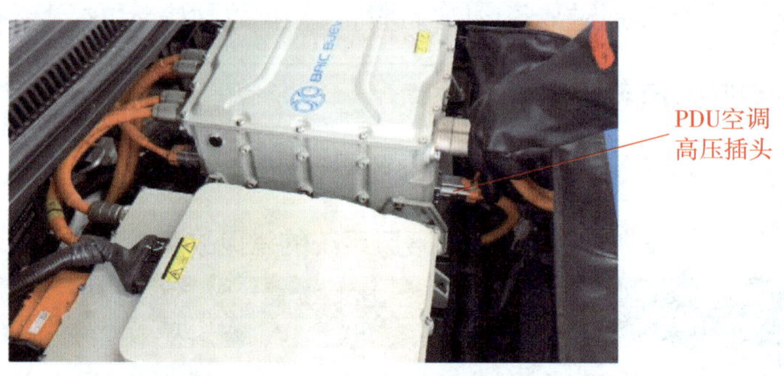

图 3-3-9 拔下 PDU 空调高压插头

图 3-3-10 测量 PDU 空调高压接线端子两端电压

5）拔下 PTC 加热器高压插头，如图 3-3-11 所示。

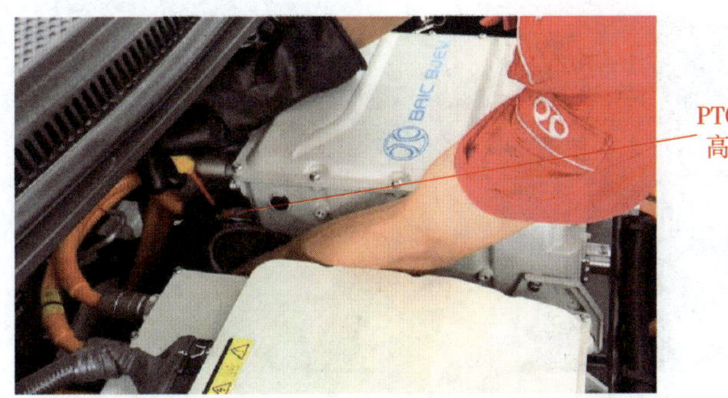

图 3-3-11 拔下 PTC 加热器高压插头

6）分别拆下前地板控制台左右两侧前挡板的子母扣，取下前挡板。

7）拆除 PTC 高压固定卡扣，将固定卡扣与 PTC 高压线束分离。

8）拔下 PTC 高压电缆线与 PTC 端插头，如图 3-3-12 所示，插头位于加速踏板上方。

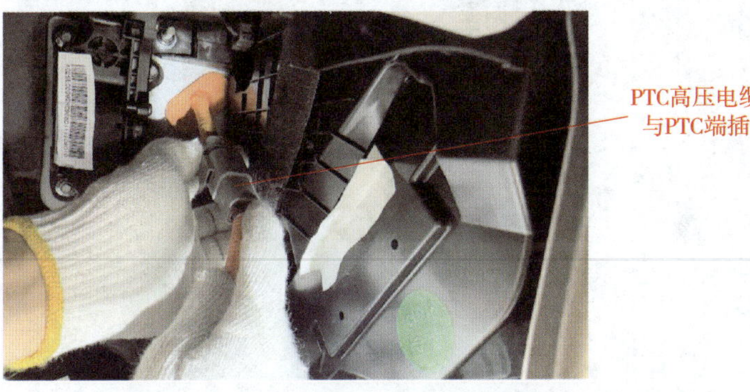

图 3-3-12 拔下 PTC 高压电缆线与 PTC 端插头

9）断开 PTC 负极搭铁线，如图 3-3-13 所示。

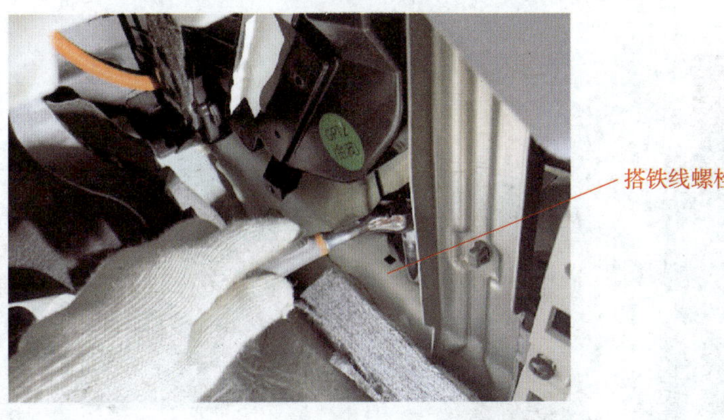

图 3-3-13 断开 PTC 负极搭铁线

10）拔下 PTC 温度传感器插接件，如图 3-3-14 所示。

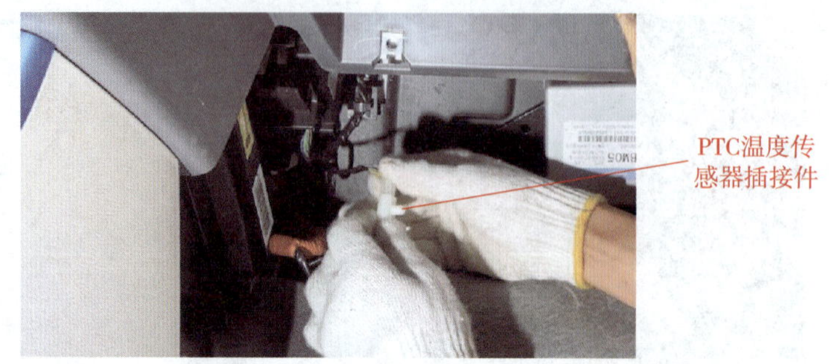

图 3-3-14　拔下 PTC 温度传感器插接件

11）拆下 PTC 固定支架螺栓，取出 PTC 总成，如图 3-3-15 所示。

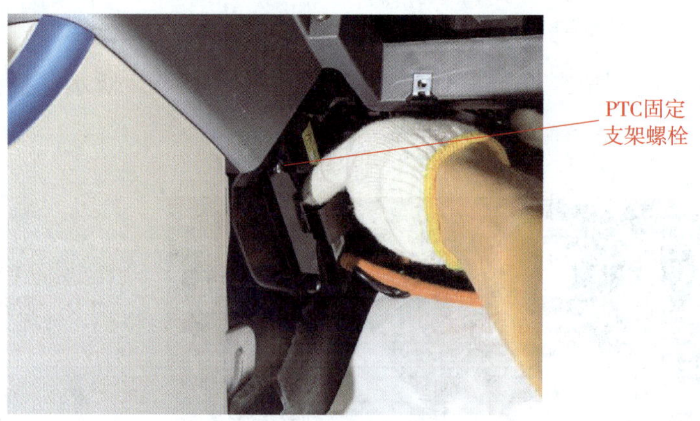

图 3-3-15　拆下 PTC 固定支架螺栓

（2）PTC 加热器的检测

PTC 加热器的检测

1）将万用表旋至欧姆挡，校正万用表。

2）测量 PTC 加热器高压端子之间的电阻（其端子见图 3-3-16），电阻规格如下：

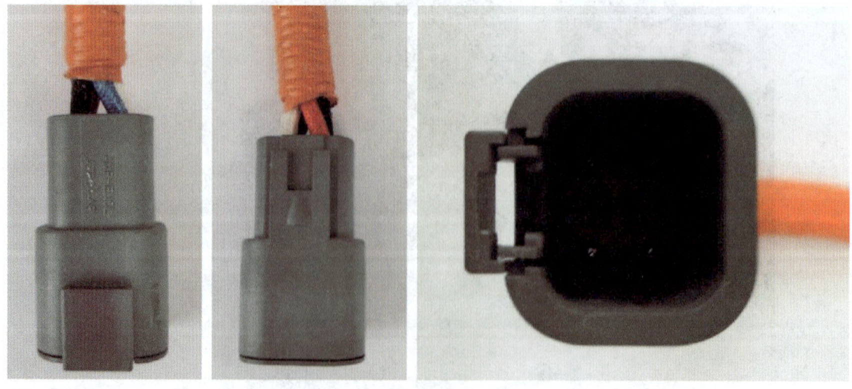

图 3-3-16　PTC 加热器高压端子

①用表笔测量白色端子和蓝色端子之间的电阻，应为 500～750 Ω，如图 3-3-17 所示。

②用表笔测量红色端子和白色端子之间的电阻，应为 200～280 Ω，如图 3-3-18 所示。

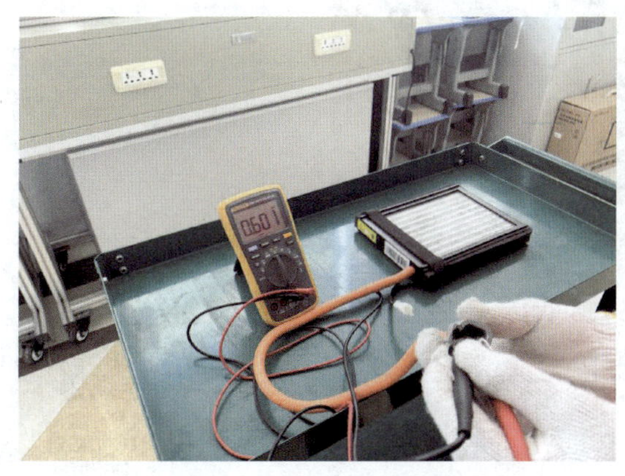

图 3-3-17　测量白色端子和蓝色端子之间的电阻

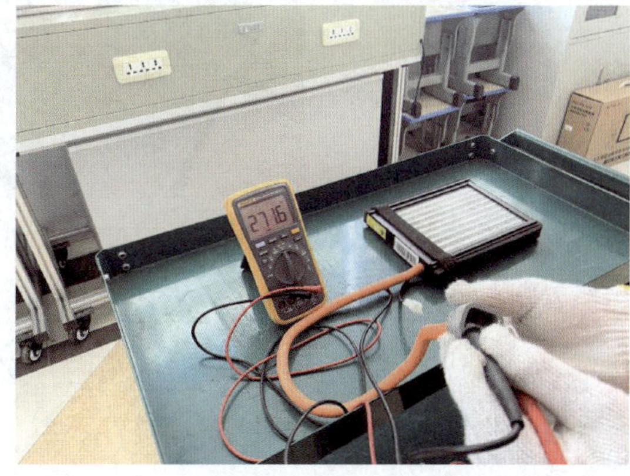

图 3-3-18　测量红色端子和白色端子之间的电阻

③用表笔测量红色端子和蓝色端子之间的电阻，应为 300～350 Ω，如图 3-3-19 所示。

3）测量 PTC 加热器各高压端子与 PTC 外壳之间的电阻，其电阻值应为无穷大，如图 3-3-20 所示。

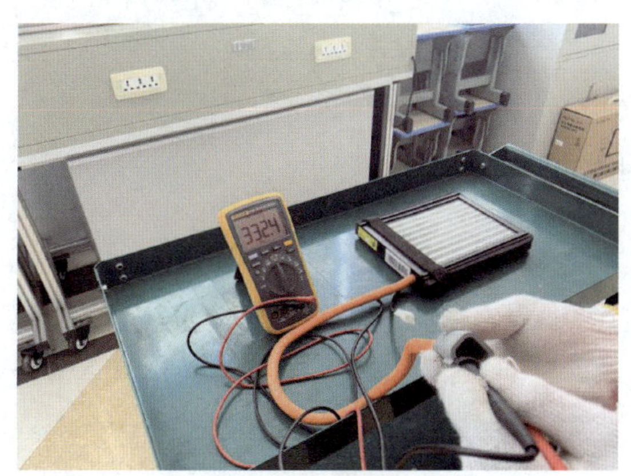

图 3-3-19　测量红色端子和蓝色端子之间的电阻

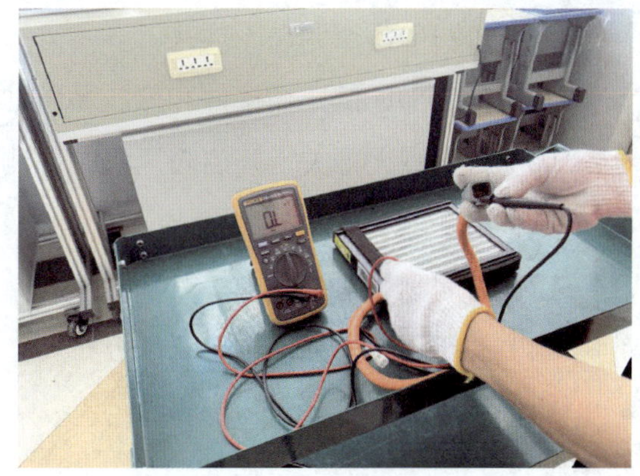

图 3-3-20　测量 PTC 加热器各高压端子与 PTC 外壳之间的电阻

4）测量 PTC 温度传感器两端子之间的电阻，其阻值应为 40～60 kΩ，如图 3-3-21 所示。

5）关闭万用表。

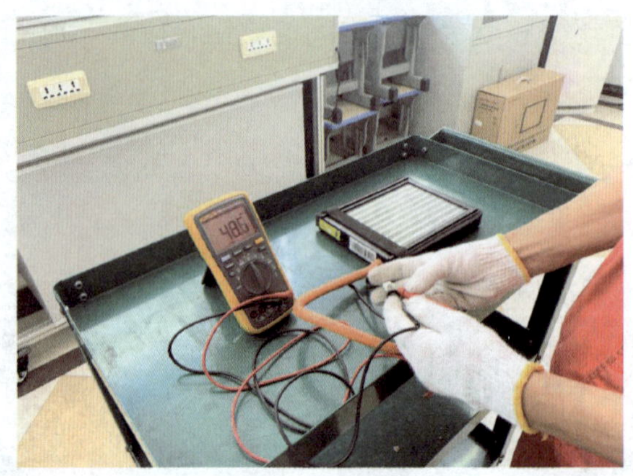

图 3-3-21　测量 PTC 温度传感器两端子之间的电阻

（3）PTC 加热器的安装

PTC 加热器的安装

1）将 PTC 总成插入空气分配箱内，安装 PTC 固定支架螺栓。

2）安装 PTC 温度传感器插接件。

3）缓慢拖动前机舱侧导线，将 PTC 高压线束插头从副驾驶室拖到主驾驶室加速踏板上方。

4）安装 PTC 负极搭铁线和 PTC 高压电缆线与 PTC 端插头。

5）安装 PTC 高压固定卡扣。

6）安装前地板控制台左右两侧前挡板并扣上子母扣。

7）检查绝缘手套是否破损，戴上完好无损的绝缘手套后安装 PTC 加热器高压插头。

8）安装 PDU 空调高压插头。

9）安装 PDU 低压插接件和低压蓄电池负极。

10）打开点火开关，开启暖风系统，测试温度。

11）用手感受出风口温度。

12）关闭暖风系统。

13）关闭点火开关，收起翼子板布。

14）关闭前机舱盖。

思考与练习

1. 汽车空调暖风系统的主要作用有哪些？

2. 简述 PTC 加热器的主要类型及特点。

3. 简述 PTC 加热器不工作的故障诊断与排除措施。

课题小结

电动汽车空调暖风系统
作用
冬季取暖
调节车内温度
车窗玻璃除霜
类型
热泵式
PTC加热器式—PTC加热器
分类
黏结式陶瓷PTC加热器
金属PTC管状加热器
特性
电阻-温度特性
电流-时间特性
电压-电流特性
调温特性
传导方式
热传导
热对流
热辐射
检修
拆卸
检测
安装
余热+辅助PTC加热器式

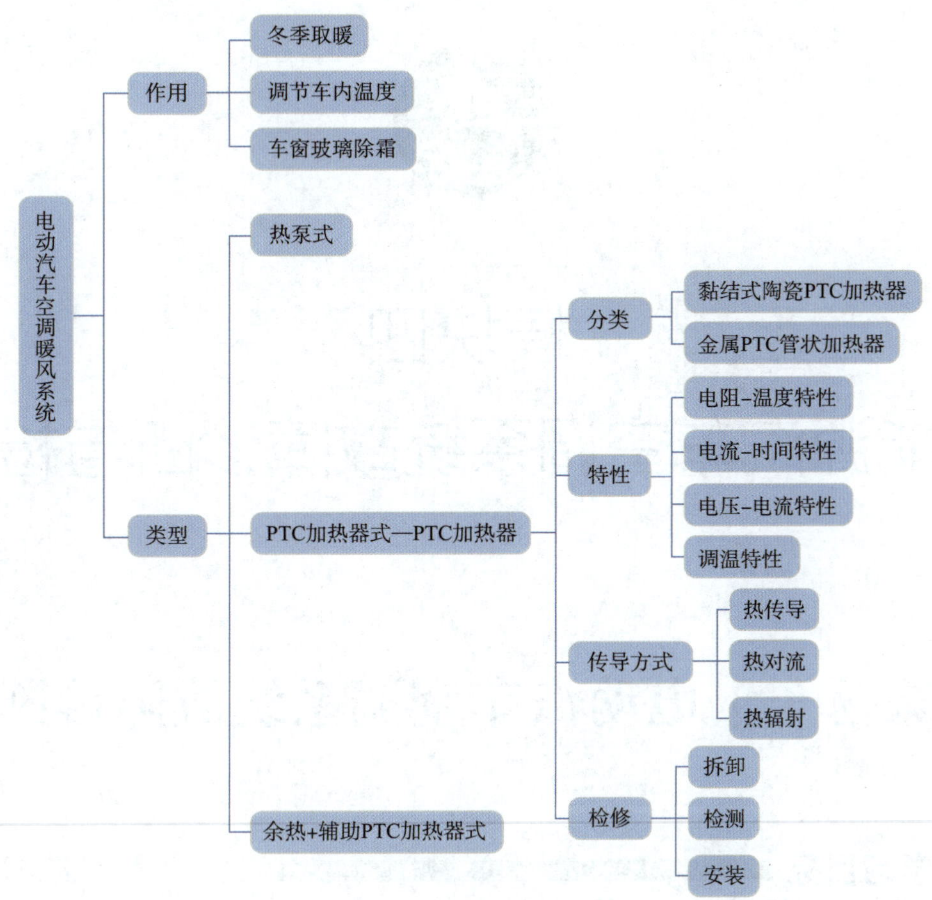

模块四
新能源汽车空调系统故障诊断与检修

课题一 | 电动汽车空调系统故障诊断

学习目标

1. 了解电动汽车空调的自诊断系统及其应用。
2. 掌握电动汽车空调系统故障诊断思路与排除方法。

●任务描述

一辆比亚迪 e5 轿车已行驶 20 000 km，客户反映打开空调后出风口温度异常，空调不制冷，仪表无故障显示。经检查发现空调压缩机无法启动，用故障诊断仪扫描空调系统，得到“U0253，与空调压缩机失去通信”的故障码。

●任务分析

若电动汽车空调系统出现不制冷、制冷不足和不制暖等故障，一般需用故障诊断仪来扫描空调系统得到故障码，用故障诊断仪读取的数据流来判断故障部位，这

就需要维修人员了解电动汽车空调的自诊断系统，掌握空调系统的检修思路，从而完成汽车空调系统故障诊断与检修。

相关理论

一、电动汽车空调系统诊断设备的使用

如图 4-1-1 所示为道通汽车智能诊断系统 MS908，是高度智能化新一代汽车故障诊断系统，可方便、快捷、高效地诊断汽车故障，在汽车维修中应用极为普遍。下面以道通汽车智能诊断系统 MS908 为例，介绍汽车故障诊断仪使用方法。

图 4-1-1 道通汽车智能诊断系统 MS908

1—主机 2—OBD Ⅱ接口 3—蓝牙接收器

将 OBD Ⅱ接口与蓝牙接收器相互连接，在汽车上找到 OBD Ⅱ诊断座的位置，将 OBD Ⅱ接口与车载诊断座连接，待蓝牙接收器上的 Power 灯点亮为绿色，表示道通汽车智能诊断系统 MS908 与汽车正常连接，如图 4-1-2 所示。

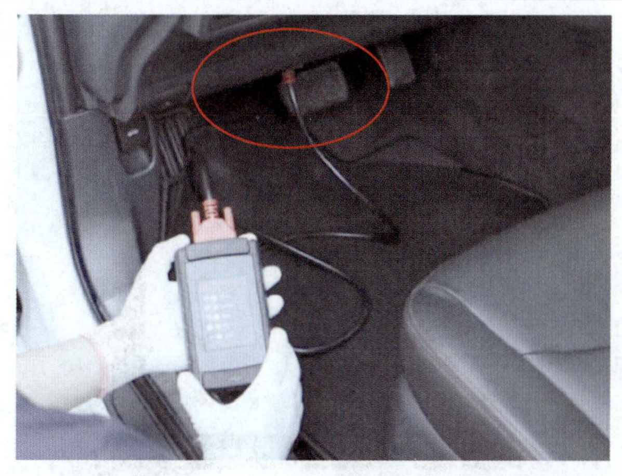

图 4-1-2 蓝牙接收器上的 Power 灯点亮

正常接入后可开启诊断系统主机，打开主机后需查看主机上的电源提示。若主机电量低，需接上外接电源。打开诊断系统，找到 VCI 选项，让主机和蓝牙接收器连接，连接成功后 BT 灯为绿色，如图 4-1-3 所示。

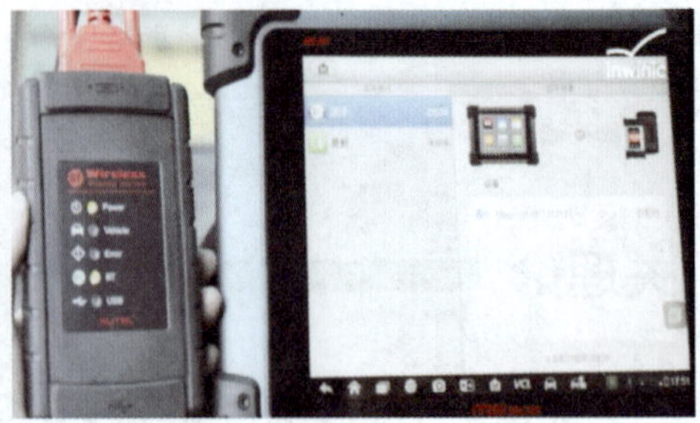

图 4-1-3　主机和蓝牙接收器连接

进入诊断系统，开机后进入诊断画面，选择所需要的车型，如比亚迪，如图 4-1-4 所示。

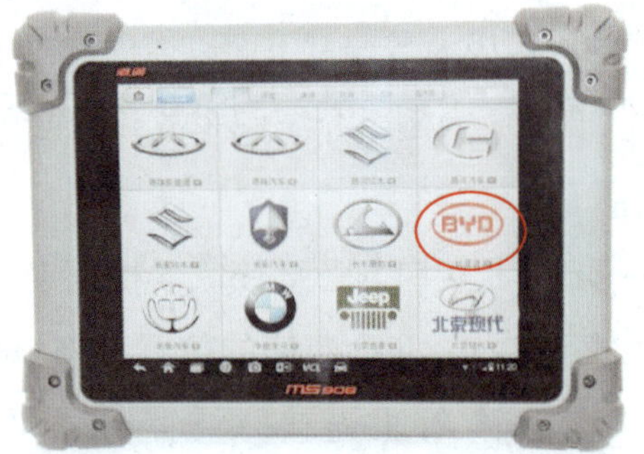

图 4-1-4　选择车型

如图 4-1-5 所示，在选择好“比亚迪”车型后，弹出“自动选择车型”和“手动选择车型”两个选项，“自动选择车型”需要输入车辆的 VIN 码，“手动选择车型”要根据车辆的铭牌输入相关的数据。

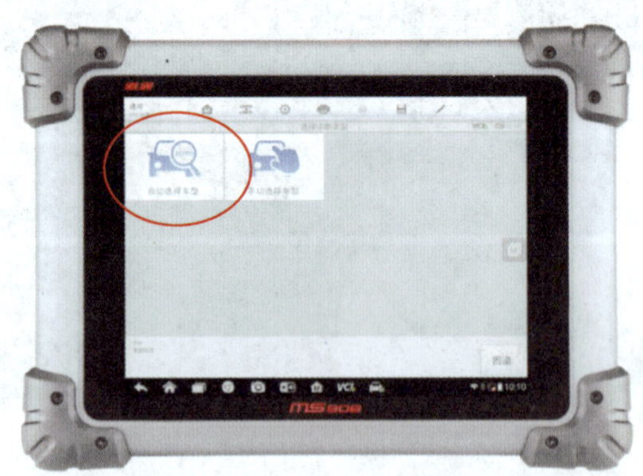

图 4-1-5　自动选择车型和手动选择车型选项

输入车型后进入“诊断”界面，如图 4-1-6 所示。

可选择动力模块、底盘模块、车身模块、防盗模块、网关模块等进行诊断，因这里主要针对空调系统进行诊断，空调系统属于“车身模块”，所以进入“车身模块”，

如图 4-1-7 所示。

图 4-1-6 “诊断”界面

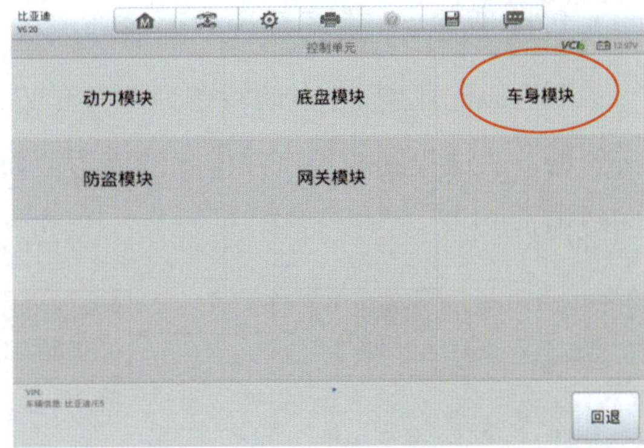

图 4-1-7 进入“车身模块”

进入“车身模块”后有空调控制器、空调压缩机控制器、空调水加热器以及空调控制面板等选项，可以根据诊断需求选择相关选项进行检测，如图 4-1-8 所示。

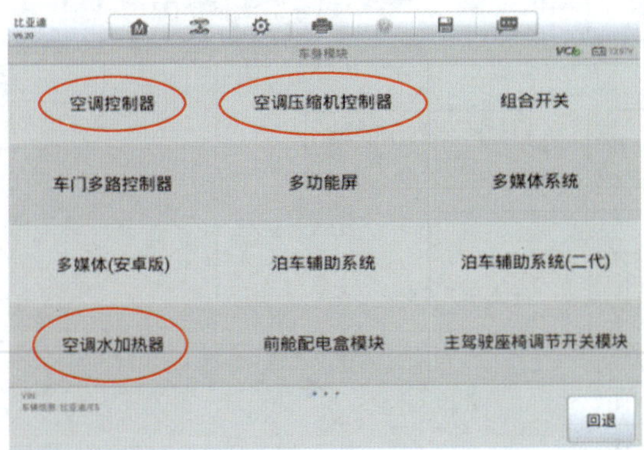

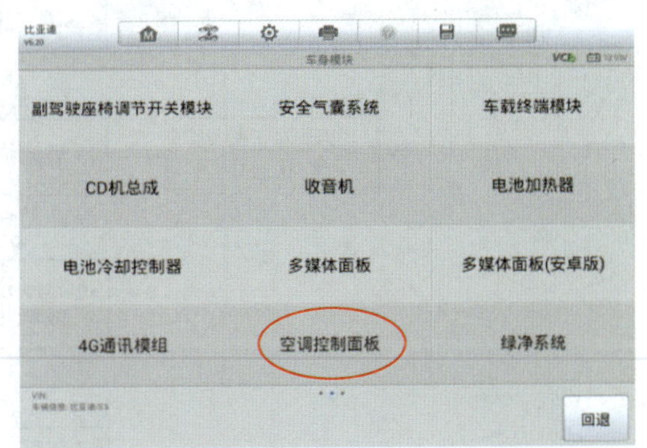

图 4-1-8 空调相关诊断选项

选择某选项后，在弹出的界面中可选择“读故障码”，待诊断并排除故障后，可再次进入此界面来清除故障码，如图 4-1-9 所示。

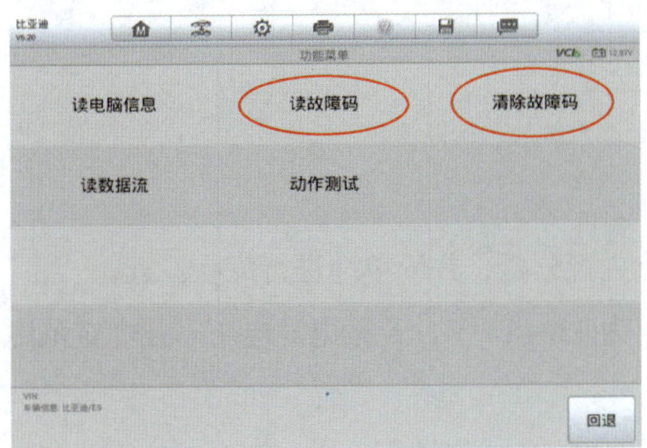

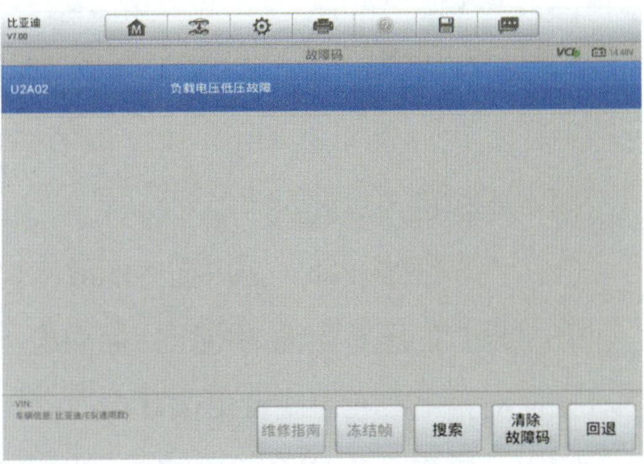

图 4-1-9 读故障码和清除故障码

二、比亚迪 e5 空调系统故障诊断流程

1. 比亚迪 e5 空调系统故障诊断流程

下面以比亚迪 e5 电动轿车为例，介绍利用诊断仪读取到的故障码，查阅汽车维修相关资料，快速找到故障点并排除的流程。如图 4-1-10 所示为比亚迪 e5 空调系统故障诊断流程。

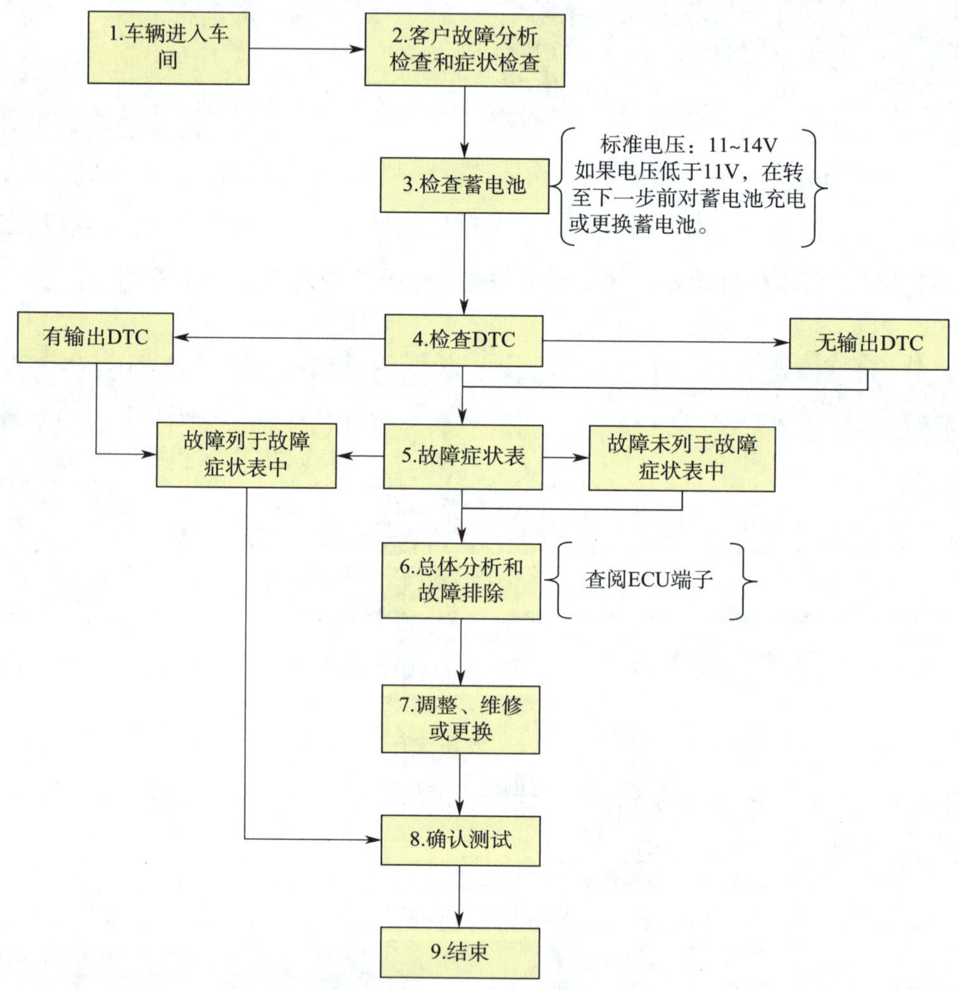

图 4-1-10 比亚迪 e5 空调系统故障诊断流程

（1）车辆进入车间。

（2）汽车维修技师对客户描述的故障现象进行分析，并简单地进行症状检查。

（3）检查低压蓄电池的电压，标准电压应为 11 ~ 14 V，若蓄电池电压不在规定范围内，则应对蓄电池充电或者更换蓄电池。

（4）待蓄电池电压正常后才能利用诊断仪读取故障码（DTC）。若诊断仪读取到故障码（DTC），则可以根据维修手册的故障码列表，查阅对应故障码的故障检修方法，

直接进入下面的步骤（8）。

（5）若诊断仪未读取到故障码（DTC），则可以查看维修手册上的故障症状表来查找故障。

（6）若出现的故障并未列于故障症状表中，则需要对故障进行总体分析和排除。

（7）在找到故障点后，对空调系统相关零部件和线路进行调整、维修或更换。

（8）通过测试汽车空调系统功能恢复正常，确认相关故障已经清除。

（9）故障诊断流程结束。

2. 电动空调压缩机常见故障及故障码

（1）电动空调压缩机常见故障及排除方法见表 4-1-1。

表 4-1-1　电动空调压缩机常见故障及排除方法

故障	现象	原因分析	排除方法
驱动控制器无法工作，电动空调压缩机不工作	电动空调压缩机无启动声音，电源电流无变化	① 12 V 控制电源未通入驱动控制器 ②控制电源电压不足或超压 ③插接件端子接触不良或松脱	①检查驱动控制器的控制电源插头端子是否松脱 ②检查控制电源到驱动控制器之间的导线是否断路 ③测量控制电源电压是否达到要求（对 DC12 V 控制电源驱动控制器，控制电源至少大于 9 V，不得高于 DC15 V）
驱动控制器工作正常，电动空调压缩机不正常工作	电动空调压缩机发出异常声音	①电动机缺相 ②冷凝器风机不正常工作，系统压差过大，电动机负载过大	①检查驱动控制器与电动机连接的高压插件及相关导线，保证其接触良好及导通 ②保证冷凝器风机正常工作，待系统压力平衡后再次启动
驱动控制器工作正常，电动空调压缩机不工作	电动空调压缩机无启动声音，电源电流无变化，各端口电压正常	驱动控制器未接收到空调系统的 A/C 开关信号	①检查 A/C 开关是否有故障 ②检查与 A/C 开关相连的导线是否断路 ③检查 A/C 开关连接方式是否正确
	电动空调压缩机无启动声音，电源电流无变化，高压端口电压不足或无法供电	欠压保护启动	断掉整车高压电源后，进行如下检查： ①检查高压空调主熔丝 ②检查主电源到驱动控制器之间的导线
驱动控制器自检正常，电动空调压缩机不工作	电动空调压缩机启动时有轻微抖动，电源电流有变化，随后变为零	①冷凝器风机未正常工作，系统压差过大，导致过流保护启动 ②电动机缺相导致的过流保护启动	①保证冷凝器风机正常工作，待系统压力平衡后再次启动 ②检查驱动控制器与电动机相连的高压插件及相关导线，保证其接触良好及导通

（2）电动空调压缩机的常见故障码见表 4-1-2。

表 4-1-2　　电动空调压缩机的常见故障码

故障码（DTC）	检测项目	故障部位
B2AB0	电流采样电路故障	空调压缩机
B2AB1	电动机缺相故障	
B2AB2	IPM/IGBT 故障	
B2AB3	内部温度传感器故障	
B2AB4	内部电流过大故障	
B2AB5	启动失败故障	
B2AB6	内部温度异常故障	
B2AB7	电动机转速异常故障	
B2AB8	相电压过高故障	
B2AB9	负载过大故障	
U2A01	负载电压过压故障	电池包、高压线束
U2A02	负载电压低压故障	
B2ABA	内部低压电源故障	空调压缩机、线束

3. PTC 水加热器常见故障及故障码

（1）PTC 水加热器常见故障及排除方法见表 4-1-3。

表 4-1-3　　PTC 水加热器常见故障及排除方法

故障	现象	原因分析	排除方法
空调不制暖	出风口无暖风	① PTC 内部故障 ② PTC 无高压电	①拆下 PTC，用万用表检查 PTC 高压端两端电阻，检查高压互锁及 PTC 低压控制线路 ②检查空调 32 A 熔丝
空调不制冷	压缩机不工作，出风口不制冷	PTC 内部故障短路	拆下 PTC，用万用表检查 PTC 高压端两端电阻

（2）PTC 水加热器的故障码见表 4-1-4。

表 4-1-4 PTC 水加热器的故障码

故障码（DTC）	检测项目	故障部位
U0164	与空调控制器失去通信	线束、空调控制器
U0253	与空调压缩机失去通信	线束、空调压缩机
B1210	左侧散热片温度传感器断路	PTC
B1211	左侧散热片温度传感器短路	
B1212	PTC 驱动组件故障	
B1213	PTC 加热组件故障	
B1216	PTC 回路电流过大	
B1217	控制器内部 +15 V 电压异常	线束、电源
B1218	IGBT 组件功能失效	PTC
B121A	1#IGBT 驱动芯片功能失效	
B121B	2#IGBT 驱动芯片功能失效	
B121C	3#IGBT 驱动芯片功能失效	
B121D	4#IGBT 驱动芯片功能失效	

4. 空调 A/C 控制器常见故障及故障码

（1）空调 A/C 控制器常见故障及排除方法见表 4-1-5。

表 4-1-5 空调 A/C 控制器常见故障及排除方法

故障	现象	原因分析	排除方法
空调不制冷	按下 A/C 开关后，出风口无冷风，故障码显示为与压缩机失去通信	CAN 通信故障	检查空调系统 CAN 线传输、A/C 控制器、空调面板控制器、空调压缩机、PTC
	按下 A/C 开关后，出风口无冷风	空调控制器工作不正常	检查空调控制器工作电源

（2）空调控制器的故障码见表 4-1-6。

表 4-1-6 空调控制器的故障码

故障码（DTC）	检测项目	故障部位
B2A0717	IG1 电压过压	电源电路
B2A0716	IG1 电压欠压	
U014687	与网关失去通信故障（包括车速、水温、放电允许、软关断信号）	CAN 通信
U025387	与空调压缩机失去通信故障	
U025487	与 PTC 失去通信故障	
U025587	与空调面板失去通信故障	

思考与练习

1. 简述用道通汽车智能诊断系统 MS908 读取汽车空调系统的故障码方法。
2. 简述比亚迪 e5 空调系统的故障诊断流程。
3. 在汽车上找出比亚迪 e5 空调系统的 CAN 线连接的部分。

课题小结

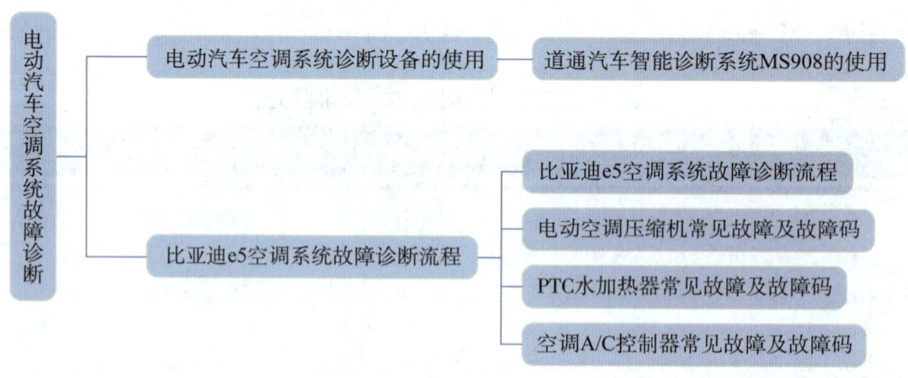

课题二 | 电动汽车空调系统常见故障检修

学习目标

1. 掌握电动汽车空调系统不制冷的故障排除方法。
2. 掌握电动汽车空调系统制冷不足的故障排除方法。
3. 掌握电动汽车空调系统不制暖的故障排除方法。

一、比亚迪 e5 轿车空调系统不制冷故障的检修

1. 故障描述

一辆比亚迪 e5 轿车行驶里程约 30 000 km，客户反映打开空调后，出风口温度异常，空调系统不制冷，仪表无故障显示。进入维修厂后检查发现，按下车辆电源开关，“OK”灯正常点亮。打开空调，“A/C”灯正常点亮。将空调温度调至最低温度，用温度计测量出风口温度，实测数据为 26 ℃（接近室外温度）。用故障诊断仪检测空调系统，发现空调压缩机不工作。

2. 故障原因分析

按下车辆的电源开关，仪表正常显示“OK”灯，可以上“OK”电并能正常挂挡行驶，由此说明动力电池允许对外放电，且高压预充完成后主接触器吸合也是正常的。针对上述车辆的高压供电正常、空调系统运转不正常的情况，故障原因可能有：

（1）空调管路压力异常引起的故障。

（2）空调子网故障。

（3）ECU 控制模块故障。

（4）PTC 水加热器或电动空调压缩机故障。

3. 故障诊断及排除思路

（1）打开前机舱盖，观察各空调管路情况，发现均无渗漏异常。

（2）按下电源开关，让车辆上“OK”电，开启空调并将温度调至最高（此操作用于

证明 PTC 加热器是否能够加热正常），5 min 后，出风口依然没有暖风送出。因此，可以断定空调制冷与制暖均有故障，初步可以排除空调管路压力异常引起的不制冷故障。

（3）连接诊断仪，对整车进行全车扫描。发现电动空调压缩机模块显示不存在，可以读取到 PTC 模块有故障码，故障码为“U2A02，负载电压低压故障”。根据故障码查阅维修手册，因电动空调压缩机模块显示不存在，故不能进入电动空调压缩机模块查看数据流，只能进入 PTC 模块查看数据流。如图 4-2-1 所示为诊断仪操作界面。

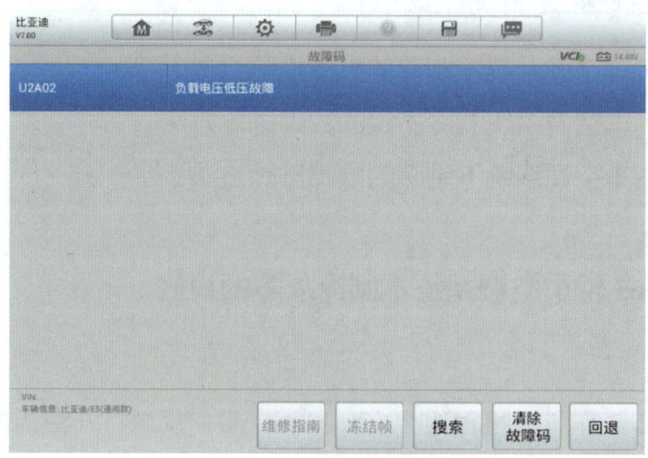

图 4-2-1　诊断仪操作界面

（4）读取 PTC 模块数据流发现，负载高压电源显示无高压输入。如图 4-2-2 所示为 PTC 模块数据流界面。

比亚迪 V7.00			
压缩机控制状态	停止		
压缩机实际状态	停止		
压缩机目标转速	0	0...10000	转/分
压缩机实际转速	0	0...10000	转/分
负载电压	0	0...2000	伏
负载电流	0	0...31	安培
IPM/IGBT温度	0	0...10000	W
压缩机壳体温度	25	-100...155	°C
压缩机壳体温度	0	-100...155	°C

图 4-2-2　PTC 模块数据流界面

（5）通过上述情况可以断定，电动空调压缩机和 PTC 加热器均没有高压电输入。从如图 4-2-3 所示电动空调压缩机和 PTC 加热器模块电路图可以看出：①电动空调压缩机、PTC 加热器共用 32 A 熔丝，如果该熔丝烧损，则电动空调压缩机、PTC 加热器

均无法接收到高压电；②高压电控总成中没有专门给空调和 PTC 加热器单独供电的接触器，那么只要主接触器或交流充电接触器吸合，高压电将会输出至电动空调压缩机和 PTC 加热器。

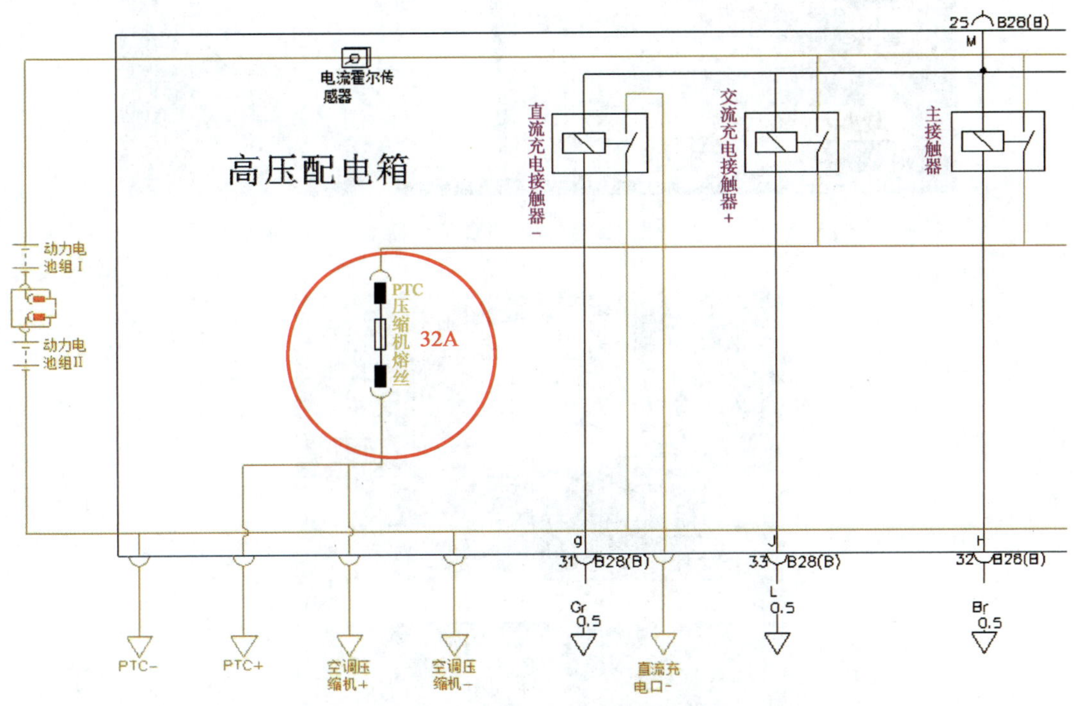

图 4-2-3　电动空调压缩机和 PTC 加热器模块电路图

（6）确认高压空调 32 A 熔丝的位置，用万用表测量该熔丝导通情况，发现该熔丝不导通。高压空调 32 A 熔丝的位置如图 4-2-4 所示，电动空调压缩机和 PTC 加热器电源接口位置如图 4-2-5 所示。

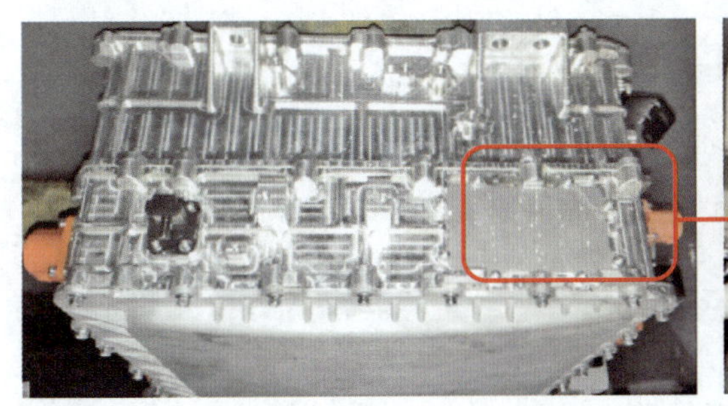

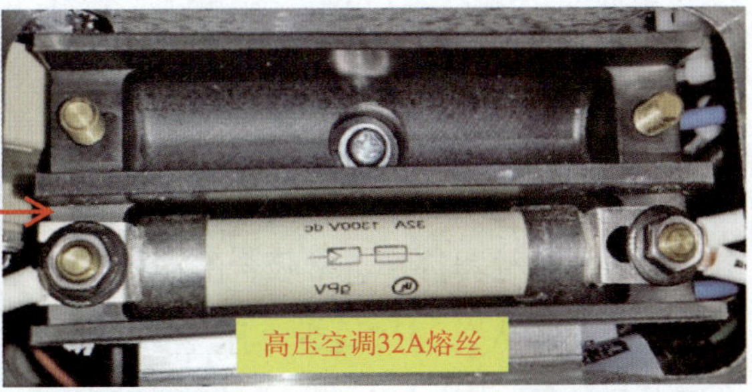

图 4-2-4　高压空调 32 A 熔丝的位置

（7）测量电动压缩机和 PTC 模块高压正负极之间的电阻情况，发现电动空调压缩机的高压正负极为导通，确认电动空调压缩机内部短路引起 32 A 高压空调熔丝烧蚀。电动空调压缩机实物如图 4-2-6 所示。

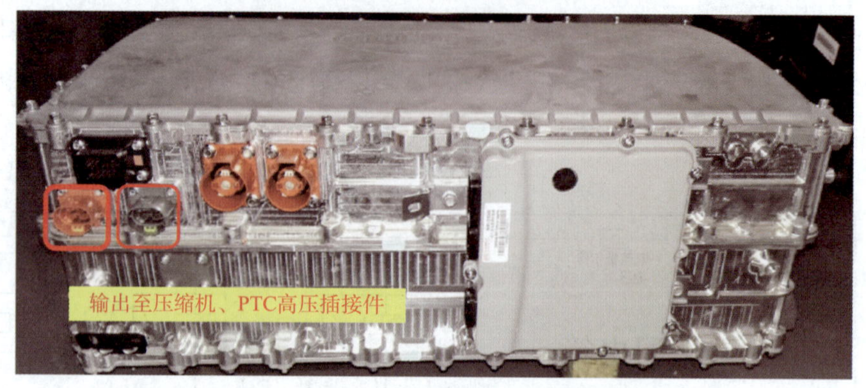

图 4-2-5　电动空调压缩机和 PTC 加热器电源接口位置

图 4-2-6　电动空调压缩机实物

（8）确认故障点后，更换电动空调压缩机总成和高压空调 32 A 熔丝，抽真空加注 R410A 制冷剂 430 g 后，通电试验，发现空调功能恢复正常。

4. 维修总结

本案例维修中，由于不能进入电动空调压缩机模块，只能通过查看 PTC 模块的数据流来确定有无高压电输入；且根据整车高压结构，车辆能够正常行驶，说明主接触器及电池包内部接触器都是正常吸合的，此时电动空调压缩机及 PTC 也应该有高压输入，结果却无高压输入，通过检查高压空调 32 A 熔丝，发现电动空调压缩机内部短路，高压空调 32 A 熔丝烧毁，再确定相关用电设备是否短路。

二、比亚迪 e5 轿车空调系统制冷不足故障的检修

1. 故障描述

一辆比亚迪 e5 轿车已行驶里程约 35 000 km，客户反映打开空调后有冷风出来，

但是过一小段时间后，车内温度开始升高，空调吹出来的风是热风，仪表无故障显示。车辆进入维修厂后检查发现，按下电源开关，“OK”灯正常点亮。打开空调，“A/C”灯正常点亮。将空调调至最低温度，用温度计测量出风口温度，实测温度为 8 ℃。过了一段时间后，车内温度升至 20 ℃。用故障诊断仪扫描空调系统，提示故障码为“B2AB4，内部电流过大故障”。

2. 故障原因分析

按下电源开关，仪表正常显示“OK”灯，可以上“OK”电并能正常挂挡行驶，说明动力电池允许对外放电，且高压预充完成后主接触器吸合也是正常的。按下空调“A/C”按钮，空调一开始能制冷，但随后出风口温度升高，制冷量不足，则空调制冷不足的原因可能有：

（1）空调管路压力异常引起的故障。

（2）空调系统零部件（膨胀阀、冷凝器、蒸发器、储液干燥器等）故障。

（3）温度信号异常，如蒸发器温度过低导致停机或压缩机温度过高保护等。

（4）电动空调压缩机内部故障。

（5）空调控制信号故障。

（6）电动空调压缩机高压供电故障。

3. 故障诊断及排除思路

（1）上“OK”电后用故障诊断仪扫描空调系统，读取到空调压缩机系统中的故障码为“B2AB4，内部电流过大”。可以手动清除故障码，但是故障依旧存在，空调制冷量依然不足。

（2）读取空调控制器数据流，检查系统管路的静态压力是否正常：高低压侧压力均为 1.47 MPa 左右，属于正常情况。高低压管路数据流界面如图 4-2-7 所示。

（3）打开鼓风机和 A/C 开关，空调开始制冷。通过观察 A/C 控制器数据发现，压缩机启动后，高压侧压力值很快就达到 4.95 MPa。由于电动空调压缩机压力过高，进入过压保护状态，停止制冷。高低压管路数据流界面如图 4-2-8 所示。

（4）查看空调系统其他数据流，发现电子膨胀阀开度仅为 9%，比其他正常车辆同等环境温度、设置温度下的电子膨胀阀开度要小得多。故障和正常状态下电子膨胀阀开度如图 4-2-9 所示。

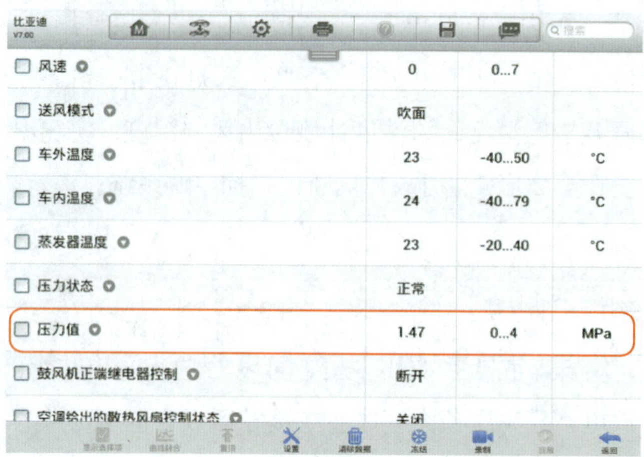

图 4-2-7　高低压管路数据流界面（压力正常）

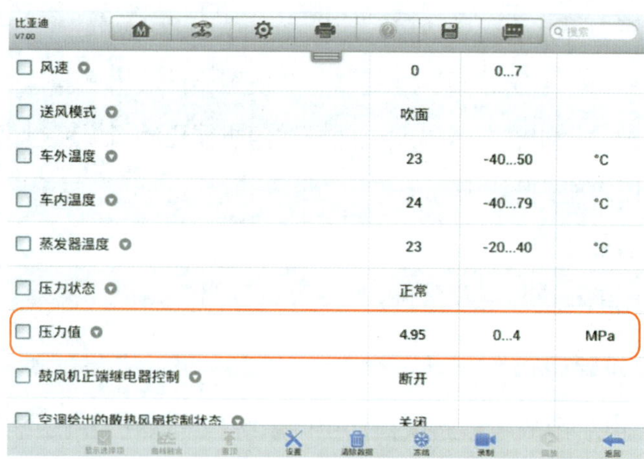

图 4-2-8　高低压管路数据流界面（压力过高）

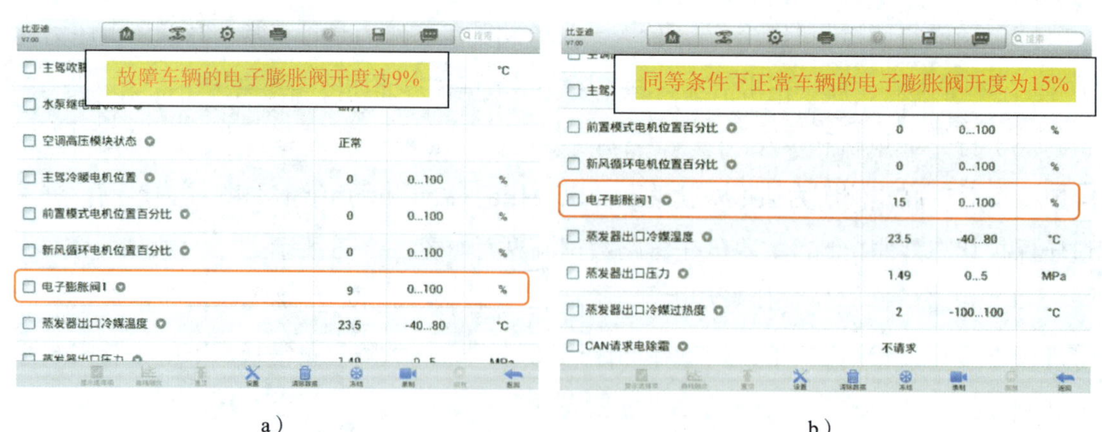

a）　　　　b）

图 4-2-9　故障和正常状态下电子膨胀阀开度

a）故障状态　b）正常状态

（5）根据上述情况分析，有可能是电子膨胀阀开度影响了制冷效果。为验证这一假设，通过故障诊断仪进入 A/C 空调控制器系统 / 主动控制模式 / 电子膨胀阀控制选项，发现电子膨胀阀开度无法进行手动调节。

（6）查阅维修手册，通过如图 4-2-10 所示电子膨胀阀控制电路，检测电子膨胀阀线路情况，未发现异常。

（7）确认为电子膨胀阀故障，更换电子膨胀阀并抽真空加注制冷剂后，试车故障排除。

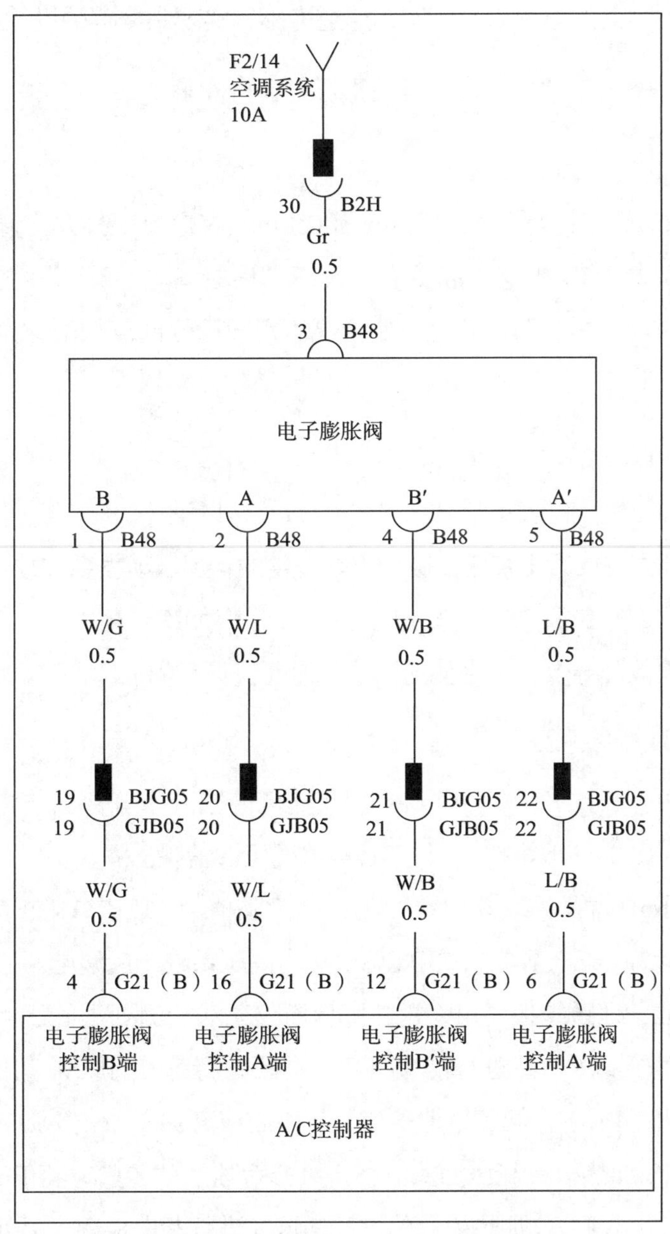

图 4-2-10 电子膨胀阀控制电路

4. 维修总结

在此次故障检修过程中，借助故障诊断仪读取电子膨胀阀的开度大小，与正常车辆的电子膨胀阀开度进行对比而发现故障点。在电动汽车空调系统中，电子膨胀阀和变频压缩机一起有效工作，利用电子膨胀阀精确控制流量的功能，整体提升空调系统的工作效率，可实时调节电子膨胀阀速度、开度，比热力膨胀阀更灵活、可控。其工作过程如下：

（1）根据控制器的脉冲电压信号，线圈驱动步进转子旋转。

（2）通过精密丝杆传动，转子将旋转运动转化为阀芯的轴向直线移动。

（3）阀芯在控制器的控制下调节阀体通道大小，实现制冷剂的设计流量。

三、比亚迪 e5 轿车空调系统不制暖故障的检修

1. 故障描述

一辆比亚迪 e5 轿车已行驶里程约 45 000 km，客户反映打开空调暖风系统后，空调系统不制暖，动力系统故障灯点亮，仪表显示“请检查动力系统”。进入维修厂后检查发现，按下车辆电源开关，“OK”灯正常点亮。用故障诊断仪扫描空调系统，发现空调系统并无异常。

2. 故障原因分析

按下车辆电源开关，仪表正常显示“OK”灯，可以上“OK”电说明动力电池允许对外放电，且高压预充完成后主接触器吸合也是正常的，那么动力系统故障的原因可能有：

（1）系统检测到一般漏电，一般漏电时是允许上“OK”电的。

（2）系统其他故障导致，可直接通过故障诊断仪显示的故障码来确定范围。

3. 故障诊断及排除思路

（1）按下电源开关，上“OK”电后用故障诊断仪扫描整车系统。电池管理系统报出故障码为“P1A0100，一般漏电故障”，且故障码无法消除。

（2）单独读取电池管理系统的数据流：绝缘阻值为 112 kΩ（正常值为 20 MΩ）、高压系统状态显示为“一般异常”，由此可确认为高压系统一般漏电。

（3）由于电池管理系统报漏电，用故障诊断仪无法检测到具体是哪个负载引起的一般漏电，需要对每个高压负载进行漏电检测。本着先简后繁的原则，决定先从最简单的 PTC 加热器开始检测。断开低压电池负极，拆下维修开关（断电）后等待 5 min，戴好绝缘手套断开 PTC 加热模块高压插头。按照维修手册上的步骤，将 PTC 加热模块拆卸下来，用绝缘测试仪对 PTC 加热模块的高压插接件进行漏电检测。另外，可以通过短接

PTC 高压互锁端子的方法判断是否因 PTC 加热模块短路引起的漏电故障。短接 PTC 高压互锁端子后，连接低压电池负极，按下电源开关上“OK”电，仪表不再显示动力系统故障，电池管理系统故障码清除后也不再报出，由此确认是 PTC 水加热器引起漏电。

（4）更换 PTC 水加热器，并添加冷冻机油，试车故障排除。

4. 维修总结

若电动汽车空调出现不制暖或制暖不足的现象，需主要考虑熔断器或开关是否损坏，鼓风机继电器、鼓风机提速电阻及鼓风机本身是否损坏，PTC 温控开关及 PTC 加热器本身的损坏等问题。

思考与练习

1. 简述电动汽车空调不制冷故障的检修及处理方法。
2. 简述电动汽车空调系统制冷不足故障的检修及处理方法。
3. 简述电动汽车空调系统不制暖故障的检修及处理方法。

课题小结

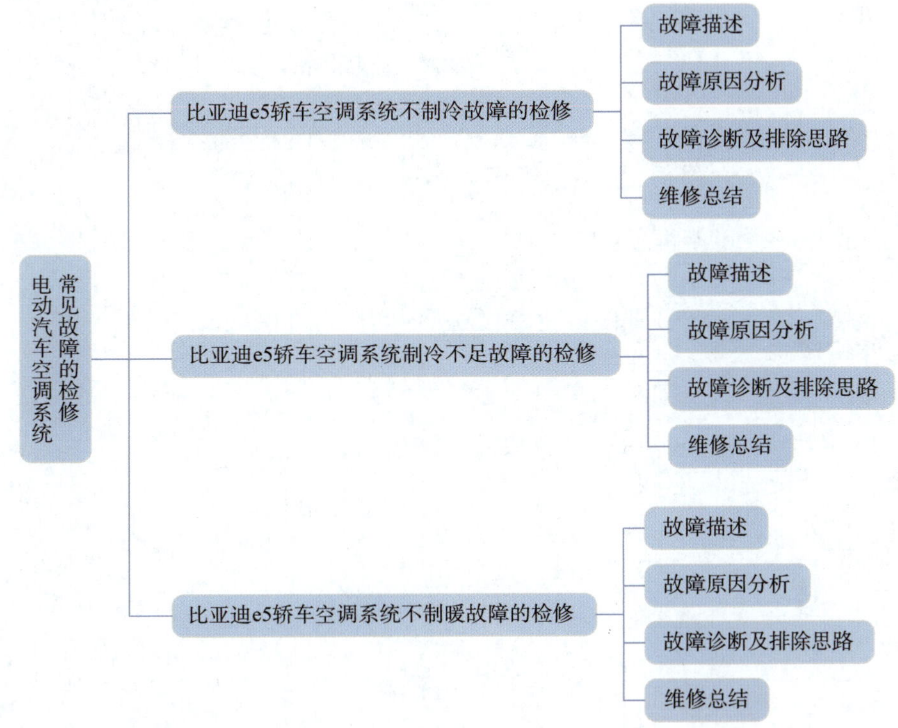